Shkelqim Fortuzi
Bahri Musabelliu

Problemas para o desenvolvimento da indústria avícola na Albânia

Shkelqim Fortuzi
Bahri Musabelliu

Problemas para o desenvolvimento da indústria avícola na Albânia

ScienciaScripts

Imprint

Cover image: www.ingimage.com

This book is a translation from the original published under ISBN 978-620-2-07960-0.

Publisher:
Sciencia Scripts
is a trademark of
Dodo Books Indian Ocean Ltd. and OmniScriptum S.R.L publishing group

120 High Road, East Finchley, London, N2 9ED, United Kingdom
Str. Armeneasca 28/1, office 1, Chisinau MD-2012, Republic of Moldova, Europe
Printed at: see last page
ISBN: 978-620-8-02915-9

"Revisores do livro:

O Prof. Dr. Seadin Xhaferi é um professor com uma vasta experiência em economia e noutros domínios relacionados. Atualmente, dedica-se à investigação académica e ao ensino na Faculdade de Economia da Universidade Estatal de Tetovo, na Macedónia do Norte.

O Prof. Dr. Halit Xhafa é professor na Universidade de Tirana, na Albânia, na Faculdade de Economia. É especializado em todos os temas relacionados com finanças, economia, contabilidade e gestão.

Dr. Mithat Mema é professor no Departamento de Economia da Faculdade de Gestão da Universidade "Aleksander Moisiu", em Durres, na Albânia. A Sra. Mema tem mais experiência nos sectores financeiro e económico.

ÍNDICE DE CONTEÚDOS:

OBJECTO E METODOLOGIA

QUAL FOI A JUSTIFICAÇÃO?

Reconhecendo e avaliando o trabalho já realizado neste domínio, gostaria de sublinhar que a realização deste estudo, entre outras coisas, se deve à necessidade de dispor de um estudo que analise e discuta de forma exaustiva os problemas relacionados com os problemas e as estratégias de desenvolvimento da indústria avícola na Albânia, cuja solução poderia ser mais eficaz para esta importante atividade da economia. Pretende-se que o estudo em questão possa servir os diferentes níveis de elaboração de políticas e de tomada de decisões, de modo a que as conclusões apresentadas possam ser aplicadas ao sector em causa.

O estudo acima referido baseia-se na análise e avaliação da seguinte hipótese:

A perceção geral, mas também a dos gestores de produção ou de comercialização dos produtos da indústria avícola, é que os custos de produção dos ovos, da carne, etc., são grandemente influenciados tanto pelo preço de compra dos alimentos para aves de capoeira como pelo preço de compra das aves. Relativamente à FLORYHEN, uma empresa representativa da indústria avícola para a produção de ovos, verifica-se que as compras de alimentos e de aves representam cerca de 68% das despesas totais, enquanto os custos de comercialização representam cerca de 3% das despesas totais. A perceção dos gestores é que esta estrutura de custos não é muito normal, o que deve ser estudado e verificado e, além disso, estudadas e definidas formas de poupar custos e melhorar a estrutura de custos. Tal como referido anteriormente, vale a pena considerar também a indústria avícola para a produção de carne.

O aumento do nível de benefícios nas empresas do sector avícola está indubitavelmente condicionado pela cooperação das empresas que estão relacionadas com este sector e que, naturalmente, têm problemas comuns. A avaliação geral é que este tipo de cooperação é bastante fraco ou não existe de todo, o que deve ser analisado e avaliado para argumentar a necessidade de construir uma estratégia de colaboração para resolver problemas semelhantes em benefício de todos através da organização e do funcionamento do "cluster das aves".

OBJECTIVOS DO ESTUDO

OBJECTIVO PRINCIPAL

O principal objetivo deste estudo é reconhecer e avaliar a situação atual na indústria avícola e, neste contexto, insistir e avaliar hipóteses relacionadas com questões organizacionais e de gestão, centrando-se em problemas relacionados com:

- Indústria e mercados abertos.

- Produção e custos.
- Políticas de produtos e de preços.
- O nível de integração no sector e os custos que lhe estão associados.
- Questões relacionadas com as melhorias necessárias na organização e direção da produção, e com base nisso orientar as intervenções para a implementação das políticas mais racionais que permitam o aumento da eficiência produtiva nesta indústria.

OBJECTIVOS ESPECÍFICOS

Através deste estudo, pretende-se determinar:

- O país e o papel da avicultura no sistema agroindustrial.
- País e papel da indústria avícola na satisfação das necessidades de consumo da população.
- Metas e objectivos desta indústria a curto e médio prazo.
- Preocupações, interesses e problemas da indústria avícola, em termos de aumento da produtividade da produção.
- Os pontos de vista dos gestores e especialistas sobre as práticas de produção e comercialização existentes, sobre as possíveis direcções da sua futura expansão, juntamente com as suas opiniões para melhorar estas actividades.
- Indústria FDMK e estratégias que maximizam F e M e minimizam D e K.
- O sector das aves e os seus problemas de crescimento. Que estratégia adoptou?
- Opções de expansão do sector.
- Análise e avaliação da alternativa de empresa fechada na indústria.
- Questões de gestão da qualidade na indústria avícola.
- Organização e funcionamento de clusters na indústria avícola.

RESULTADOS ESPERADOS

A realização deste trabalho permitirá:

- Uma visão clara do país e do papel da indústria avícola no sistema agroindustrial e na satisfação das necessidades de consumo da população, definindo nesta base as metas e objectivos desta indústria para o curto e médio prazo.
- Um registo preciso das preocupações, interesses e problemas da indústria avícola em termos de aumento da produtividade da produção.
- Os pontos de vista dos líderes e especialistas sobre as práticas de produção e comercialização existentes, para possíveis direcções futuras da sua expansão, para

além das suas opiniões para melhorar estas actividades.

- Matriz SWOT e estratégias claras que permitam maximizar S e O e minimizar W e T.

- Uma imagem clara das estratégias de crescimento do sector das aves.

- Argumentar alternativas à expansão do crescimento da indústria.

- Uma resposta correta à preocupação sobre a possibilidade de desenvolver empresas de ciclo fechado no sector.

- Implementação das normas da UE (HACCP) no sector das aves

- Contributos teóricos e práticos para a organização e funcionamento de clusters na indústria avícola.

FONTES DE INFORMAÇÃO

As fontes de informação para a realização deste estudo consistem principalmente em:

- Dados fornecidos através de estimativas diretas em todos os estabelecimentos de criação de aves, ovos e carne.

- Entrevistas semi-estruturadas com grupos de consumidores, representantes da comunidade, comerciantes, gestores e especialistas do sector, peritos da indústria agroalimentar, exportadores, funcionários públicos, associações, agências de ajuda internacional, dirigentes de ONG, etc.

- Estatísticas publicadas que reflectem a evolução do sector ao longo dos anos.

- Estudos efectuados sobre esta problemática.

- A utilização das informações acima referidas é possível com base no método de análise e síntese.

Capítulo 1

SOBRE O DESENVOLVIMENTO INDUSTRIAL DAS AVES DE CAPOEIRA NA ALBÂNIA

EVOLUÇÃO DA INDÚSTRIA AVÍCOLA NA PERSPECTIVA GERAL

Como já é sabido, antes da década de 1990, a indústria avícola para a produção de ovos e carne estava concentrada em grandes empresas especializadas na produção destes produtos. As empresas eram estatais e dependentes do Ministério da Agricultura. Os alimentos eram fornecidos por fábricas de rações para gado, especializadas neste domínio. No entanto, o sistema de produção centralizado não favoreceu o crescimento da produção de ovos e aves de capoeira.

Com a transição para a economia de mercado, após 1990, o sistema de empresas de criação de aves de capoeira e outras empresas estatais foi dissolvido. Os grandes complexos de criação de aves foram em grande parte abandonados. Alguns deles mudaram de destino e outros foram destruídos, desmoronados e dispersos como materiais de construção. Assim, das 20 empresas de criação de aves, apenas duas não mudaram de destino (Korga e Peshkopia).

Após 1992-1993, inicia-se o período de revitalização do sector avícola para a produção de ovos e carne, através da organização e funcionamento de pequenas economias privadas. A fonte de abastecimento de matérias-primas para a alimentação era o mercado interno e a importação de Itália e da Grécia, mas, com o passar dos anos, as empresas começaram a transformar e a produzir os próprios alimentos.

Entre 1998 e 2002, o sector avícola ganhou impulso. Foram criadas várias empresas de produção de ovos e de carne, organizadas e exploradas com base em tecnologias modernas. Este facto permitiu satisfazer a 100% as necessidades do mercado pela primeira vez em 2000 e, em 2001, iniciaram-se as primeiras exportações de ovos para os países da região, principalmente para o Kosovo.

Segundo dados do Ministério da Agricultura, de uma produção nacional de 260 milhões de ovos em 2005, foram colhidos 1 bilhão de ovos em 2011, já que as grandes empresas passaram a exportar ovos semi-acabados para a indústria de massas (albumina). Para ir mais longe com o plano de produção de energia para as necessidades da empresa ou de um grupo de fábricas nessa área, através da central de incineração de resíduos que foi criada na pasta de papel. Em poucos anos, a Albânia alterou completamente as relações comerciais da produção de ovos. De um país importador deste produto, passou a ser um grande exportador de ovos. De acordo com os dados do Ministério da Agricultura, graças a 15 fábricas concentradas que produzem cerca de um terço da produção total de ovos, foi assegurado um aumento da produção até 2012. Este facto levou a que a exportação de ovos entre 2005 e 2012 crescesse cerca de 30 vezes, enquanto as importações, no mesmo período, sofreram um desconto de cerca de 17 vezes.

As explorações com aves, especialmente as com frangos, ocupam a maior fatia do conjunto das explorações pecuárias. Só em 2011 tínhamos cerca de 274 mil explorações de frango, um aumento de 1,5% em relação a 2010. O número de cabeças foi de cerca de 6,6 milhões em 2011, contra 5,2 milhões em 2010, bem como um aumento de 60% em relação a 2000. Temos uma produção de 858 milhões de grãos em 2011, um aumento de 1,5% em relação a 2010. Para 2012, estima-se que a produção total de ovos das granjas de aves e galináceos tenha ultrapassado 1 bilhão de grãos.

A indústria de produção de ovos e de carne trabalha principalmente com matérias-primas importadas, que representam mais de 90% do total das matérias-primas transformadas em alimentos para animais. Este é um dos problemas mais graves que o sector enfrenta. Se correu bem em termos de integração com os consumidores, no que respeita à integração, em termos de recursos de matérias-primas, nada foi feito.

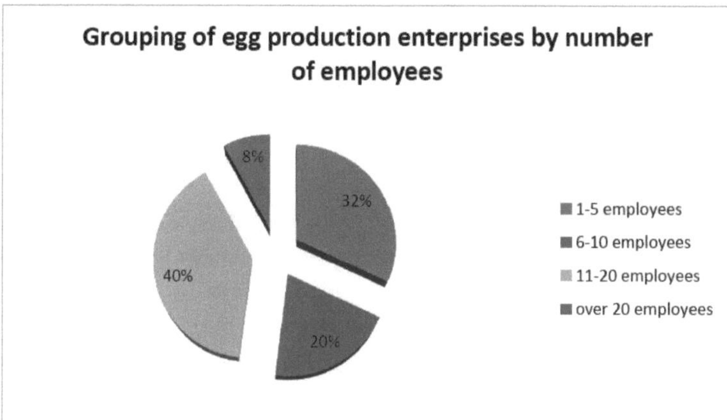

Como se pode ver no gráfico acima, ao contrário de outros ramos agro-industriais, a indústria avícola tem vindo a avançar mais rapidamente no sentido do desenvolvimento de grandes empresas.

As empresas com mais de dez empregados representam cerca de 60% do total das empresas. Este facto permitiu que, em 2003, em comparação com 1993, a produção de ovos e a produção de carne aumentassem, respetivamente, 31 e 15,2 vezes, enquanto o rendimento aumentou 38,6 vezes.

Indústria de criação de aves para produção de ovos

Relativamente à indústria de produção de ovos, é de notar que, ano após ano, tem havido um aumento do número de ovos para produção de ovos, que em 2012 ascendeu a mais de 6,6 milhões de cabeças, com uma produção anual de cerca de mil milhões de grãos por ano. É de salientar que os indicadores acima referidos pertencem a complexos organizados e a pequenas explorações agrícolas com menos de 5000 cabeças, bem como a estaleiros privados. A geografia da área de produção de ovos abrange quase todo o país, como Durres, Tirana, Shkodra, Coreia, Kavaja, Vlora, Berat, etc. É de salientar que as aves de capoeira organizadas com base em tecnologia moderna cultivam raças selecionadas de alta qualidade, como HY-LINE, LOHMANN, etc.

De acordo com as estatísticas do Ministério da Agricultura e da Alimentação, 2003-2016

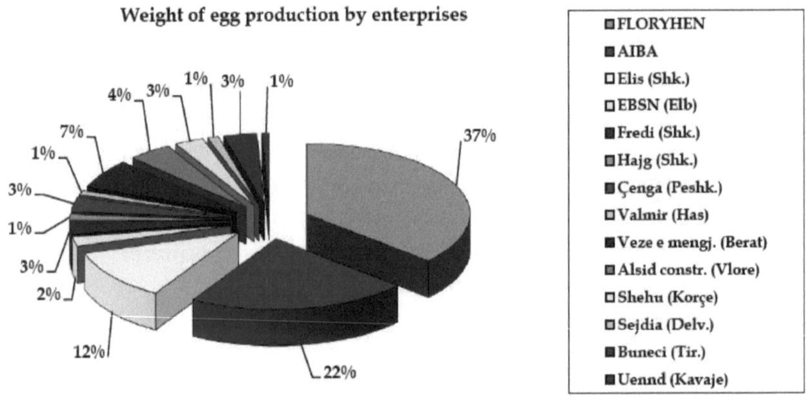

respetivamente FLORYHEN e AIBA, são responsáveis por cerca de 60% de toda a produção de ovos a nível nacional. É digno de nota o facto de que nas empresas acima mencionadas as normas tecnológicas são contemporâneas e bastante modernas. Da mesma forma, estas empresas produzem uma qualidade muito elevada, sujeitando-se a controlos veterinários qualificados, análises laboratoriais, armazenamento normal do produto e aplicação de um marketing contemporâneo.

No entanto, é de referir que, durante um período de dez anos, os indicadores que caracterizam esta indústria cresceram consideravelmente, como mostra o gráfico abaixo.

Some indicators that characterize the egg production industry

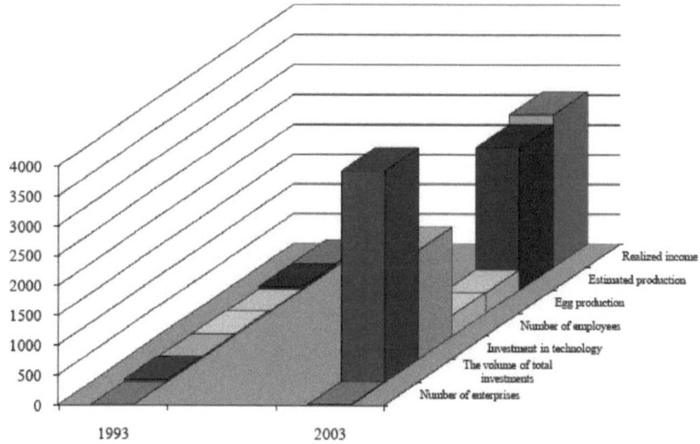

Indústria de criação de aves de capoeira para produção de carne

O sector da produção de carne de aves de capoeira tem vindo a desenvolver-se especialmente entre 2000 e 2016. Anteriormente, a carne de aves de capoeira era fornecida por importação. Atualmente, são criadas cerca de 11 500 cabeças de carne de aves de capoeira por ano. Os complexos de produção de carne estão localizados nos distritos de Fier, Tiranë, Krujë, Korçë, Librazhd, etc. É de salientar que a indústria de produção de carne de aves de capoeira ainda não satisfaz as necessidades de carne do país. O frango continua a ser importado do Brasil, dos Estados Unidos, etc. Os dados do gráfico abaixo representam alguns indicadores que caracterizam o desenvolvimento da indústria de produção de carne de aves de capoeira.

The weight that have the country's enterprises in the breeding of poultry for meat

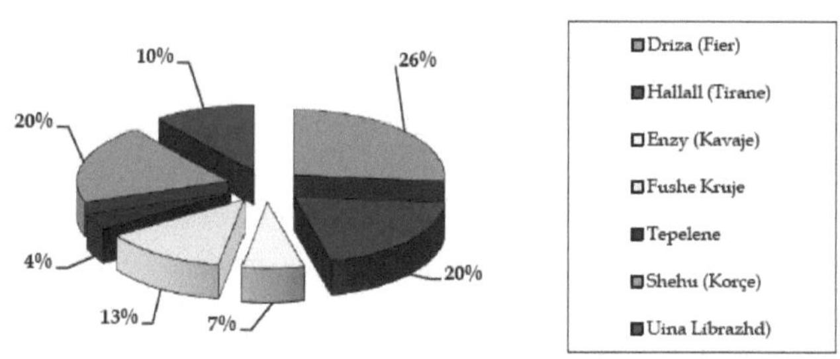

Apesar de nova, a indústria da carne de aves de capoeira fala da presença de indústrias relativamente grandes, isto e as próprias caraterísticas desta indústria.

Os investimentos nesta indústria têm vindo a crescer, tanto em termos de aumento do número de chefes, do número de empresas (atualmente, nos domínios acima referidos, operam cerca de 52 empresas), como em termos de melhorias tecnológicas. Aumentou significativamente o número de trabalhadores neste sector. De 42 em 1993 para 475 em 2003 ou 11,3 vezes mais e 1.235 em 2016. Os investimentos totais em 2003 aumentaram 57,5 vezes em relação a 1993 e em 2016 cerca de 110% em relação a 1993.

Some indicators that charaterize the poultry meat production industry

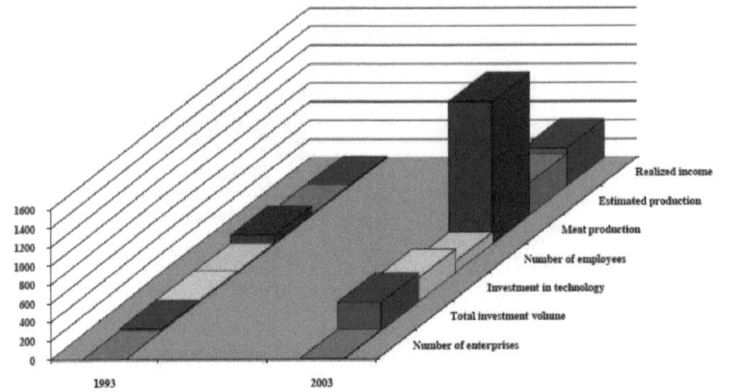

TENDÊNCIA E PROBLEMAS DE INTEGRAÇÃO PROBLEMAS DE DESENVOLVIMENTO DE SENSORES

A industrialização da agricultura é tão antiga como a própria agricultura.

(Rhodit 1993) afirma que a industrialização envolve uma mudança da agricultura para um recurso fixo (terra), para recursos baseados na agricultura, produzidos industrialmente e, além disso, que são variáveis. Outra caraterística importante da industrialização é o desenvolvimento de acordos contratuais entre produtores e outros intervenientes na cadeia de comercialização, que permitiram o desenvolvimento da integração vertical entre produtores e vendedores.

O Banco Mundial salienta que a integração vertical, que liga fornecedores, fabricantes, transformadores (embalagem), etc., é a unidade de produção mais difundida no noroeste da Europa, nos EUA, mas também noutros países da Ásia e do Pacífico. Assim, por exemplo, é de notar que a indústria das aves na Tailândia e na Indonésia enfrentou as últimas três décadas com um elevado nível de industrialização (Ranong 1999, Soedjana 1999). Perante este facto, vale a pena salientar que os problemas relacionados com a politização em função deste tipo de desenvolvimento continuam a ser problemáticos, devido aos efeitos sobre os pequenos produtores de animais em resultado da concorrência que têm de enfrentar em grande escala.

INTEGRAÇÃO VERTICAL NO SECTOR DA CRIAÇÃO DE ANIMAIS

A integração vertical ocorre quando uma empresa pode produzir produtos e serviços mais rentáveis do que muitas empresas. Num esquema de integração específico, as actividades são complementares, o que significa que, ao desenvolver uma atividade, existe a oportunidade de reduzir os custos associados ao desenvolvimento de outra atividade (Berlim 2001). Em primeiro lugar, de forma um pouco diferente, a integração vertical refere-se à organização de uma agroindústria que inclui um certo número de componentes da cadeia de valor e um aumento da padronização da produção em cada fase do processo de produção. As empresas verticalmente integradas podem, em determinadas condições, tentar controlar muitas partes do processo de produção. Se nos referirmos à indústria avícola, de acordo com *Dobashi et al 1999,* existem três níveis de integração e especificamente:

Empresas não integradas que tendem a atuar como unidades de negócio individuais. As empresas não integradas encontram-se principalmente nos países em desenvolvimento. Uma pequena exploração agrícola que produz alimentos apenas para a manutenção da exploração seria um exemplo de uma empresa não integrada.

Empresas semi-integradas, que normalmente envolvem a transformação, mas absorvem algumas partes do processo de produção, permitindo assim o controlo da qualidade e da quantidade da produção. Por exemplo, no sector dos frangos de carne, a empresa de apanha de pintos pode estar envolvida em operações de criação de aves.

Grandes empresas integradas que controlam todos os níveis da cadeia de valor, desde a preparação dos alimentos até à entrega aos retalhistas. As empresas envolvidas na produção de carne de suíno podem ter instalações de produção de alimentos, mas também podem estar envolvidas em operações de engorda, abate e venda a retalho.

COMO FUNCIONAM OS PACTOS (ACORDOS) NA INDÚSTRIA ANIMAL?

Existem diferenças significativas entre os países, no que diz respeito às formas como as estratégias de integração são construídas e funcionam, ou aos pactos de integração entre as partes. Mas seja qual for a forma de integração, vale a pena salientar que ela (a integração) retira o poder de decisão do agricultor para o último produtor ou transformador, transformando os agricultores em quase empregados *(Reardon e Barret 2000).* A experiência mundial neste domínio mostra que os contratos utilizados na indústria suinícola, por exemplo, se baseiam na posse de mão de obra, estábulos para animais, etc. É raro que os estábulos de criação de animais sejam construídos com fundos fornecidos pelas empresas envolvidas na transformação da carne.

Os pactos agrícolas podem ser considerados como uma forma de integração vertical, mas porque não e como uma forma de integração horizontal. A integração horizontal, ao contrário da integração vertical, requer a colaboração entre explorações agrícolas ao mesmo nível do processo de produção. Por exemplo, uma exploração pertencente a uma grande empresa de criação de suínos pode ser integrada horizontalmente com um produtor independente. Neste caso, a grande exploração oferece à pequena exploração conhecimentos técnicos, factores de produção, alimentos para animais, serviços veterinários, etc. A pequena exploração oferece mão de obra e factores de produção fixos, como terra e estábulos para os animais. Através desta forma de contratação, as grandes explorações agrícolas evitam confrontar-se com elevados níveis de custos fixos e também as pequenas explorações agrícolas aumentam o nível de promoção dos produtos que realizam. Tendo em conta este conceito de integração, vamos referir-nos de seguida a um caso de estudo.

Relativamente a esta situação, apontemos algumas conclusões que também se aplicam às condições em que nos encontramos:

Esquema de reprodução integrativa para animais de reprodução

(Estudo de caso)

O regime em causa foi aplicado pela primeira vez em 1993 na Indonésia. O seu objetivo era melhorar a cooperação entre os pequenos agricultores e a indústria de importação de animais. Os motivos para desenvolver este regime estavam relacionados com os programas aplicados no sector dos cereais e da criação de aves. O regime tinha três componentes:

- Importância dos animais importados em parceria com as estruturas de produção alimentar existentes
- Fornecimento de matérias-primas alimentares diretamente às estruturas de preparação dos pequenos agricultores
- Manutenção de estruturas de estabelecimento de alimentos para animais pertencentes a pequenos agricultores

Adam e McCarthy (1998) identificaram uma série de problemas relacionados com a dimensão do
regime.

- Dificuldade em disponibilizar fundos para investir em benefício da criação de melhores condições para o alojamento dos animais, a produção de alimentos, a alimentação, etc.
- O número reduzido de bovinos e a distribuição generalizada dos seus rebanhos dificultaram a disponibilidade de supervisão suficiente, apoio técnico, etc.
- Por vezes, verificaram-se discrepâncias entre os alimentos solicitados pelo agricultor e os preparados pelo produtor.

Em função dos fenómenos acima referidos, os benefícios para os agricultores e produtores de alimentos não foram muito bons.

Mas o programa foi bem sucedido no fornecimento de géneros alimentícios. Esta parte do programa centrou-se nas cooperativas de agricultores, que garantiram fundos e um mercado seguro para os géneros alimentícios produzidos pelos agricultores. Através da utilização de maiores rendimentos e melhores fertilizantes (atualização tecnológica), foi possível aumentar os níveis de produtividade. E, de acordo com o modo de funcionamento do regime, 10% do gado importado deve ser distribuído aos pequenos agricultores. Entretanto, a maioria dos operadores de preparação de alimentos podia satisfazer esta exigência, pelo que a diretiva governamental de 1997 para aumentar a percentagem de 10% para 20% se tornou um grande obstáculo para muitos produtores de alimentos.

As alternativas de cooperação num sistema integrador podem ser múltiplas e diretamente benéficas para todos os actores que participam no sistema.

A organização e a aplicação de regimes de integração requerem, necessariamente, um reconhecimento realista da situação atual enfrentada pelos produtores de produtos agrícolas ou por outros intervenientes no regime.

O grande número de produtores e o baixo nível das capacidades de produção constituem mais uma razão para a cooperação através da organização e aplicação de determinados regimes de integração.

O papel do governo na promoção da organização e do funcionamento dos sistemas de integração pode ser um estímulo, mas também uma restrição.

Capítulo 2

ALGUMAS DAS RAZÕES QUE JUSTIFICAM A NECESSIDADE DE DESENVOLVIMENTO DA INTEGRAÇÃO NA INDÚSTRIA

O desenvolvimento da integração vertical é explicado por um grande número de razões (Berlin 2001). Uma das razões fundamentais para a necessidade de integração vertical é evitar os custos de transação. Foi argumentado e já foi provado que os custos aumentam inevitavelmente quando as empresas fazem acordos e não estão de acordo com o funcionamento normal da atividade.

Os custos de transação incluem todas as despesas e lucros cessantes resultantes da não execução de contratos, bem como outros custos destinados a evitar uma eventual rutura de um contrato. De acordo com a opinião de alguns académicos (Williamson 1985, citado por Lazonik 1994), o custo de transação mais importante está relacionado com o grau de especificação dos activos que permite a realização de uma atividade. Este termo refere-se "à medida em que um ativo pode ser reutilizado com sucesso em utilizações alternativas e por utilizadores alternativos sem sacrificar o valor da produção" (Williamson, 1996), pois sabe-se que um ativo específico no momento da sua aquisição representa um custo fixo ou inicial *(Rindfleisch e Heide, 1997, S0gaard, 1994).*

A natureza fixa do custo de um ativo específico implica que os parceiros são interdependentes na execução da transação que acordaram. Assim, quando uma transação envolve activos específicos, um interveniente que deva investir nestes activos específicos pedirá ao outro parceiro certas garantias de que o negócio será executado tal como negociado. O acordo deve incluir os procedimentos de adoção do acordo nos casos em que possam ocorrer alterações importantes, a fim de evitar potenciais oportunidades. Assim, a especificidade dos activos aumenta os custos de transação, na medida em que essa especificidade provoca custos adicionais, ligados às actividades de negociação e de acompanhamento, antes e depois da ocorrência dos acontecimentos (Williamson, 1996, Ménard, 1996b). A razão pela qual ocorrem perdas no valor de produção de um ativo em utilizações alternativas é condicionada por diferentes factores, como as caraterísticas geográficas, as restrições temporais, as limitações físicas, a aprendizagem experimental, a reputação ou o desenvolvimento da marca, etc.

Os investimentos em activos fixos imóveis implicam sempre algum tipo de especificidade do país. Isto significa que, uma vez que os activos físicos de uma empresa são construídos numa determinada área, é difícil transferi-los para outro local. De acordo com este conceito, um determinado edifício construído numa região de uso geral possui em si mesmo um país específico menos do que um edifício altamente específico. Numa transação, a especificidade do país pode ser causada pela procura económica ou pela necessidade de os parceiros físicos estarem próximos uns dos outros (por exemplo, um matadouro e um aviário) ou de estarem situados em determinadas regiões (uma marca para produtos regionais exigirá a sua produção nessa região) (Ménard, 1996b).

Com base nas definições acima referidas, podemos referir que as empresas do sector avícola podem investir, desde a construção de um simples quartel até aos modernos complexos de criação de aves. O seu valor é limitado pelas transacções da empresa com outras empresas, tais como as que fornecem aves, alimentos, etc. Os custos de transação na indústria avícola são geralmente maiores e mais imprevisíveis do que o ambiente operacional da indústria. Devido à dependência do sector em relação a muitos outros sectores (avicultura, etc.), uma alteração da taxa de câmbio, por exemplo, exigirá obviamente uma resposta do sector que utiliza alimentos importados. A sua adaptação à nova taxa de câmbio terá implicações também para outras empresas associadas.

Mas os custos de transação podem também resultar em casos em que a produção do produto não é o resultado da utilização de capacidades de produção e de factores de produção de qualidade. Na indústria avícola, por exemplo, a qualidade dos alimentos e das aves de capoeira são duas caraterísticas da indústria que podem dar origem a diferenças de qualidade e, consequentemente, o produto pode resultar em custos de transação adicionais. Por esta razão, as empresas do sector avícola podem ter tendência para se dedicarem à produção de alimentos para aves, ou outras empresas podem resolver este problema integrando-se numa empresa fornecedora de alimentos para animais de companhia.

A experiência mundial mostra que tais estratégias foram utilizadas nas Filipinas, Indonésia, Tailândia, etc. Esta solução é mais utilizada quando os custos de integração são inferiores aos custos de transação, ou quando a integração não se verifica. Nos países onde o sistema jurídico é completo e funciona bem, as empresas do sector avícola podem estimar que pode ser melhor desenvolver elas próprias linhas de produção de alimentos para aves para garantir a qualidade correta dos alimentos do que integrar-se com os fornecedores.

Love e Burton (1997) consideram a integração vertical como uma estratégia que as empresas podem utilizar para fazer face à concorrência ou para obter receitas adicionais do mercado. Referem que a integração vertical pode ser uma boa estratégia se houver um pequeno número de fornecedores de um determinado tipo de matéria-prima necessária a uma empresa em função do processo de produção. Isto porque, se houver um número reduzido de empresas fornecedoras de factores de produção (alimentos), estas podem decidir interagir entre si. Nestas condições, podem aumentar os preços dos factores de produção e ameaçar fornecer às empresas os factores de produção de que necessitam, até que estas respondam aos níveis de preços exigidos. Se este cenário se verificar, é compreensível que os prejudicados sejam os fabricantes e os consumidores.

Em muitos países do mundo onde existe um pequeno número de comedouros para aves, os estabelecimentos de criação de aves foram integrados em fábricas de alimentos, dando razão aos argumentos de Moss e Schmitz (2000), que defendem que, quando o número de empresas aumenta, a necessidade de integração vertical diminui e, consequentemente, a empresa, em vez de se integrar, contrata outra.

Outra forma de integração vertical inclui as empresas que se integram no sistema de distribuição. Lazonick (1994) defende a necessidade de integrar a produção de um produto com a sua distribuição, uma vez que, segundo ele (Lazonick), isto dá à empresa uma vantagem competitiva notável sobre os seus rivais entre a renovação do produto e a aceleração do desenvolvimento da economia. Os processos de fabrico superiores fazem com que uma empresa acelere o fluxo de trabalho sem prejudicar a qualidade do produto, reduzindo os custos unitários de produção devido à distribuição dos custos fixos por um maior volume de produção. Este fenómeno de redução de custos é o que se designa por economia da velocidade (Lazonick 1994). Moss e Schmitz (2000) sugerem que a integração vertical é uma estratégia que a empresa pode adotar para reinvestir os seus lucros. Por exemplo, um criador de aves pode considerar que o investimento num restaurante pode ser um bom investimento para aumentar os ganhos da criação de aves, uma ação que, além disso, permite ao produtor diversificar o risco.

Dobashi et al (1999) destacou três factores que promovem a necessidade de integração na indústria avícola, que são

- A necessidade de apropriação pelo mercado e de controlo da margem
- A necessidade de segurança biológica
- A necessidade de proporcionar benefícios adicionais em resultado da criação de economias de escala.

Comparam a indústria avícola de reprodução com a indústria avícola de criação, onde o produto principal (ovo) passa por pouca ou nenhuma transformação. Na indústria de criação de ovos, existem grandes empresas que desenvolvem a sua atividade em paralelo com pequenas empresas, capazes de abastecer o mercado principalmente de forma sazonal. Reardon e Barrett (2000) salientaram que as pequenas empresas ou os agricultores têm dificuldade em manter uma procura cada vez maior de qualidade e segurança. Segundo eles, este facto confere ao grande capital e às médias empresas vantagens nas contracções que fazem parte da integração.

O Banco Mundial (2001) salienta que, no sector da produção de aves de capoeira, suínos ou gado, os níveis de benefícios das economias de escala são consideráveis. Além disso, a rentabilidade é muito elevada, especialmente no que diz respeito ao controlo das doenças. Para Johnson e Ruttan (1993), os dados sobre os benefícios das economias de escala da agroindústria não são claros, embora admitam que na compra de matérias-primas, na comercialização e no processamento, eles estejam presentes.

Em 1993, Johnson e Ruttan examinaram experiências de projectos de grande escala em seis países em desenvolvimento diferentes: o Tanganika Groundnut Scheme (1947-1949); o projeto de sorgo Molinos Nacionales na Venezuela (1964-1966); os programas Agribusiness Dez no Irão (1968-1970); o Projeto de Jari para a floresta e o arroz no Brasil (1967 até agora); o Philippines Corporate Farming Project, iniciado em 1974; e a Hershey's Hummingbird Farm no Belize (1976-1992).

A hipótese subjacente a estes projectos tinha a ver com o benefício das economias de escala e visava defender que a rentabilidade das economias de escala era superior a um aumento proporcional do produto final, para uma dada unidade de inputs (matérias-primas). É de salientar que os benefícios das economias de escala são também condicionados pela utilização desigual de máquinas, ou factores de produção, má gestão, etc., que podem conduzir a economias de escala durante curtos períodos de tempo. Para períodos longos, o grau mínimo de operações tende a aumentar, o que faz com que as economias desapareçam.

As economias externas permitem às grandes empresas fornecer capital e comprar factores de produção, armazéns, meios de transporte, etc., a um preço inferior ao das pequenas empresas. Além disso, têm a possibilidade de aumentar os custos de comercialização ou de prestar serviços de distribuição a um preço muito inferior. Isto significa que as grandes empresas podem ter uma vantagem sobre as pequenas empresas, uma vez que estas últimas não são tecnicamente avançadas.

Mas Johnson e Ruttan sublinham que podem existir graus não económicos, o que tem sido utilizado como desculpa para a reforma agrária. Segundo estes autores, estas situações podem ocorrer quando não existem mercados de trabalho, quando os custos de transação nestes mercados são elevados e quando o arrendamento é afetado pelo grau de controlo. Johnson e Ruttan concluem que a produção agrícola em geral não é caracterizada por economias de escala.

Nos EUA, por exemplo, as alterações nos preços relativos do capital e do trabalho levaram à substituição do capital de exploração. Se não houver economia de escala, esta substituição ocorrerá em todas as explorações agrícolas, independentemente da sua dimensão. Parte do capital utilizado nos EUA é certamente maquinaria. Através das máquinas, os agricultores criaram condições para trabalhar em maiores áreas de terra, permitindo assim aumentar a dimensão dos agricultores. A natureza sazonal do ciclo de produção limita a possibilidade de lucros adicionais resultantes da especialização e da divisão do trabalho. Isto é considerado por alguns como uma razão para enfatizar as oportunidades limitadas da presença de economias que vêm da expansão do tamanho da fazenda. Outras razões que favorecem a agricultura familiar são o facto de o trabalho familiar ser mais produtivo do que o trabalho remunerado. Os custos de monitorização são muito baixos no trabalho familiar do que no trabalho remunerado.

Considerando os problemas associados às economias de escala nas pequenas empresas, sem ignorar os relacionados com o risco da atividade, Johnson e Ruttan salientaram que, nos países em desenvolvimento, os projectos agro-industriais são menos arriscados do que os projectos agrícolas, dado que quanto mais industrializado for o projeto agrícola, menor será o risco a que está sujeito.

EFEITOS DE INTEGRAÇÃO

No que diz respeito aos benefícios que advêm das economias de escala, é de notar que as explorações pecuárias e avícolas têm tido análises limitadas. Rhodes (1993) aponta que a pecuária e a avicultura representam uma ameaça para as famílias de agricultores, pois, segundo ele, a produção agrícola resulta com menos vantagens do que a produção vegetal. A forma industrial de produção proporciona maior acesso e recursos de capital, recursos humanos e competências de gestão do que as explorações familiares.

Para se ter uma ideia mais clara do crescimento da produtividade condicionado pela industrialização no sector da criação de animais, vale a pena considerar a experiência dos EUA e, com base nela, podemos falar de potenciais benefícios, como consequência da industrialização da agricultura nos países em desenvolvimento.

A caraterística da indústria de aves nos EUA é o alto nível de mecanização e concentração (Johnson 1995). As aves utilizadas na indústria são desenvolvidas através de pesquisas intensivas e têm uma árvore genética protegida por patentes e segredos comerciais. Isto levou a indústria de frangos e ovos a experimentar um elevado crescimento da produção certificada e ao facto de, no período de 1920-1990, a taxa de conversão de carne em carne ter mudado de 13 kg de alimento para 1 kg de carne de frango para 1,9 kg de alimento em 1 kg de carne de frango. Para a indústria de criação de aves, a mudança foi menos espetacular. Assim, enquanto em 1930, uma média de 93 ovos eram colhidos de uma galinha por ano, em 1983 a média era de 246 ovos por ano (Johnson 1995).

A transformação da carne de aves de capoeira tem sido objeto de experiências e tem permitido mudanças drásticas através da adaptação de novas tecnologias. Em 1959, a indústria dos EUA processava sete milhões de aves, com instalações que processavam cerca de 3.000 aves por hora. Em 1997, cerca de 65 milhões de aves foram transformadas em estabelecimentos com uma capacidade de 32500 aves por hora. Em 2005, foram transformadas 125 milhões de aves em instalações com uma capacidade de 62 500 aves por hora. (Dobashi et al., 1999). A industrialização do sector da pecuária e das aves de capoeira pode ser considerada uma boa oportunidade para contrabalançar o sector da transformação de alimentos e os fornecedores de alimentos para animais, que se centram em grande medida em actividades de integração horizontal.

Capítulo 3

INTERVENÇÕES EM INDÚSTRIAS INTEGRADAS DE REPRODUÇÃO ANIMAL

Intervenção governamental e integração da indústria animal

A experiência mundial revela que, nos países em desenvolvimento (não excluindo a Albânia), a indústria animal adoptou geralmente uma atitude de *laissez faire* em termos de integração vertical e horizontal por parte das grandes empresas, embora tenha havido casos de intervenção. Entretanto, noutros países, a presença de investimentos estrangeiros pode ter conduzido a um nível de integração vertical mais elevado do que seria normal. Tais acções criam facilidades de redução de impostos, isenções de pagamentos de impostos de importação, redução de pagamentos de eletricidade, restrições à propriedade de terras a estrangeiros, etc.

A indústria avícola, em todo o mundo, está a desenvolver-se rapidamente, principalmente através de grandes unidades de controlo alimentar verticalmente integradas e controladas, ou de empresas de transformação de alimentos ou de transformação de aves. No entanto, a experiência mundial tem mostrado que as intervenções governamentais na indústria de criação de aves têm estado presentes em vários países, com o objetivo de assegurar uma distribuição económica entre os criadores de aves.

Suwartini et al. (1997) explica essa política apontando que os governos utilizam tais ações para aumentar a participação dos pequenos produtores, transferência de tecnologia e esquemas de crédito. A implementação de tal política é condicionada pelos problemas associados à grande concentração, onde o mais importante deles é a marginalização dos pequenos produtores, o que normalmente seria motivo de preocupação para o governo.

Uma política de intervenção

(Estudo de caso)

Perante esta situação, a política procurou aumentar o número de aves envolvidas na criação de aves, através da limitação da dimensão das empresas avícolas, até 10.000 aves para a produção de ovos e 15.000 aves para frangos de carne (Dobashi et al 1999). Pediu-se às grandes empresas e cooperativas que contribuíssem para o abastecimento de pequenos piquetes. De acordo com Suwartini et al. (1997), esta política foi alterada em 1984 para criar um sistema de exploração familiar. Como já foi referido, neste sistema, que é uma forma de integração horizontal, esperava-se que as grandes empresas promovessem o desenvolvimento das pequenas empresas, comercializando os seus produtos e sendo seus fornecedores. Os críticos deste sistema afirmam que pouco serviu para reduzir o crescimento da integração vertical. Em 1990, quando a aplicação da política foi oficialmente concluída, o governo ajustou o número máximo de frangos de corte para 15.000 aves por ciclo. Desde então, foram introduzidas outras alterações, uma vez que o sector se orientou para a exportação.

É claro que uma política de intervenção tem sentido quando a integração vertical é extrema.

Referindo-se aos dados relativos à procura e à oferta para o período 1972-1992 e utilizando modelos económicos, Suwartini et al (1997) concluíram que as políticas empreendidas causaram uma mudança estrutural na indústria e contribuíram para uma diminuição da produção.

Intervenção estrangeira no sector integrado da produção animal e avícola

A experiência mundial mostra que a intervenção estrangeira nas operações da indústria integrada de criação de animais não é invulgar. Vale a pena mencionar que as intervenções estrangeiras são mais pronunciadas na indústria de criação de animais para produção de leite (além disso, nestas indústrias estão mais presentes intervenções de empresas pelo nome), e devido à procura potencial de leite no crescimento, que vai desde o leite em pó para o mercado de massas até ao leite fresco para segmentos urbanos, bem como os seus subprodutos.

Mas no sector da criação de animais há indústrias como a criação de aves, porcos, etc., que têm um grande impacto ambiental. Neste contexto, é de salientar a tendência geral para a deslocação destas indústrias de zonas com rendimentos elevados para outras regiões com rendimentos baixos, devido à pressão exercida pelas respectivas comunidades em resultado dos impactos negativos no ambiente. Este facto explica por que razão essas empresas se deslocaram dos países desenvolvidos para os países em desenvolvimento, onde não faltaram intervenções estrangeiras, segundo Weatherspoon et al (2001). As razões são claras, uma vez que essas indústrias nos países desenvolvidos enfrentam custos cada vez maiores e crescentes.

Mas há também uma série de outras razões subjacentes ao envolvimento de empresas estrangeiras nas indústrias integradas de animais e aves de capoeira, que incluem, entre outras:

- O capital intelectual detido pelas empresas estrangeiras, a presença de barreiras ao comércio que limitam a introdução nos mercados nacionais,
- Os laços culturais e a pertença dos respectivos países ao mesmo bloco de comércio (Henderson, Handy e Neff 1996),
- Os investimentos estrangeiros nestas indústrias podem também ocorrer como forma de evitar barreiras regulamentares no país de acolhimento,

- A existência de direitos de importação ou de barreiras não pautais pode ser outra razão para o investimento estrangeiro nestas indústrias,

- A necessidade de minimizar os custos de produção,

- Apoio governamental, através da criação de zonas económicas livres, redução de impostos, etc.

A investigação levada a cabo por Everhart e Sumlinski (2001) chama a atenção para a importância dos investidores nos países em desenvolvimento, mas é indubitavelmente necessária sustentabilidade política, transparência na tomada de decisões, baixo nível de corrupção no sector público. Os autores argumentam que um governo inacessível, um processo de tomada de decisões ineficaz e a corrupção no sector público podem constituir um importante fator de desincentivo ao investimento estrangeiro.

SISTEMA DE CONTRATAÇÃO E INTEGRAÇÃO VERTICAL NO SECTOR AVÍCOLA

EVOLUÇÃO DA ORGANIZAÇÃO VERTICAL NA INDÚSTRIA AVÍCOLA

A seguir à indústria de produção de carne de suíno e de bovino, a indústria avícola é a terceira mais importante, registando um rápido crescimento no mercado, especialmente nos últimos 30 anos. Além disso, a indústria avícola tem sido a pioneira dos sistemas verticalmente integrados de fornecedores de matérias-primas e de todas as etapas de produção e transformação até ao consumidor final.

Após a Segunda Guerra Mundial, a indústria avícola na América, mas também noutras partes do mundo, caracterizou-se por uma tendência acentuada de integração. Embora existam diferenças, é de notar que esta tendência está presente na indústria dos frangos de carne, do peru marinho e da criação de aves de capoeira para produção de ovos.

A experiência mundial mostra que a indústria do frango está totalmente integrada verticalmente, dominando ou contratando produtores de carne de bovino, criadores de aves, produtores de alimentos, unidades de transporte, empresas de transformação, etc. Dois são os principais factores que levaram as indústrias de transformação a coordenar todo o sistema:

- Elevados níveis de benefícios para as economias de escala na indústria transformadora

- Elevado Valor Acrescentado na Indústria

Mas no sector dos produtos do mar, em comparação com o sector dos frangos, o modelo de integração vertical é menos uniforme. Assim, é pouco provável que um membro da indústria dos produtos do mar tenha uma instalação de criação de aves, mas é provável que possua uma exploração de produção. Existem também muitas diferenças nos contratos de produção, que são mais prudentes para a indústria do marisco em termos de partilha de riscos e de lucros. Mas o sector da produção de aves é também muito integrado verticalmente. Assim, os grandes produtores celebram contratos diretamente com os produtores para obterem as matrizes e, posteriormente, dedicam-se à produção de ovos para aves de capoeira. Além disso, a maior parte deles dispõe igualmente das suas próprias estruturas de comercialização.

Entretanto, os produtores secundários contratam com outros a prestação de serviços de comercialização, através dos quais embalam e entregam os seus produtos num destino dirigido por uma empresa de comercialização, que pode ser uma empresa de produção de ovos. Só os pequenos produtores vendem os seus produtos de forma autónoma. A utilização de contratos de produção na produção de ovos está a diminuir. (Martin et al.).

EVOLUÇÃO DA CONTRATAÇÃO NO SECTOR DA POLÍTICA

A evolução da contratação no sector avícola pode ser seguida cronologicamente em várias etapas (Martin).

Os primórdios da indústria avícola exigiram, sem dúvida, apoio financeiro de bancos ou de outras instituições de crédito, para a realização da atividade de criação de aves ou para a criação de instalações de produção de alimentos.

No entanto, para fazer face aos perigos potenciais da atividade, os diferentes laços de integração tentaram muitas vezes e permitiram a celebração de contratos para fazer face aos perigos potenciais das aves de capoeira, sendo os riscos cobertos pelo contratante. Esta medida foi ditada pela concorrência entre os criadores de aves e a sua ameaça de interrupção da produção de frangos.

Um passo digno de nota no desenvolvimento do sector foram também os contratos com preço garantido, que são semelhantes ao contrato acima referido, mas com um aditamento à cláusula de garantia de um determinado preço para as aves entregues. Embora os contratos de preço garantido tenham sido populares no sector dos frangos de carne nas décadas de 1950 e 1960, é de notar que a sua utilização no sector dos perus de mar tem sido limitada. Tal deve-se ao facto de o consumo de tartarugas marinhas e o seu longo período de crescimento tornarem o preço de venda mais previsível no início do processo de produção.

A outra geração de contratos inclui um contrato de taxa fixa em que os produtores eram recompensados pela criação de aves. O contratante mantinha a propriedade das aves, fornecia alimentos, medicamentos, etc., e coordenava as decisões de produção e comercialização. Devido à falta de incentivos para os bons criadores, os contratos de taxa fixa tinham o problema de os produtores evitarem a responsabilidade

O contrato de partilha de contrato baseava-se na partilha de percentagens de lucro, mas as responsabilidades de ambas as partes permanecem as mesmas que no contrato de taxa fixa

O contrato de conversão alimentar de base recompensa os criadores de aves em função da taxa de conversão dos géneros alimentícios utilizados (kg de alimento por kg de peso vivo). Estes contratos eram frequentemente utilizados em conjunto com uma comissão, o que os torna semelhantes aos contratos actuais.

Linhas de contrato modernas no sector das aves de capoeira

Um contrato de fabrico moderno é um acordo entre uma empresa integradora e uma empresa de criação de aves (em alta). Este contrato obriga o agricultor a gerir a criação de aves até atingir a quota de mercado, seguindo práticas de produção específicas em troca de serviços e matérias-primas que lhe são oferecidos pela empresa integradora.

Os contratos de frangos de carne têm duas componentes principais: a partilha da responsabilidade pela obtenção de matérias-primas e a determinação do método de compensação dos produtores. O produtor oferece terrenos, edifícios, mão de obra, etc. Assim, a nossa discussão centra-se no chamado contrato final, em que um determinado conjunto de animais, digamos aves, um dia, é trazido para a empresa de crescimento para ser criado e para atingir uma quota de mercado. Os contratos também incluem outros tipos de produção, como a produção de ovos para aves na indústria de frangos de corte, etc.

Os contratos de fabrico modernos incluem a determinação das obrigações entre o contratante e o criador e uma série de outros elementos, como os relacionados com a alimentação das aves, os alimentos, o tratamento, a produção de estrume, as necessidades de combustível, os serviços de campo, etc. Assim, a decisão sobre o tempo e o número de aves a colocar na empresa em crescimento é tomada pelo contratante, bem como a designação da capacidade de reciclagem criada pelos produtores. A maioria dos contratantes exige que os silos sejam construídos de acordo com as regras específicas relativas ao objetivo da criação e do equipamento relacionado.

Contratos de criação de frangos de carne

Todos os contratos modernos têm uma estrutura semelhante, que consiste num pagamento fixo por kg de carne produzida em peso vivo, bem como em pagamentos adicionais baseados no desempenho relativo do crescimento. O suplemento de pagamento é definido como uma percentagem da diferença entre o custo médio de liquidação e o custo individual dos produtores. A maior parte dos contratos de frangos de carne tem também dois mecanismos de pagamento auxiliares, que incluem o pagamento mínimo garantido e o pagamento por calamidade. Se o rendimento do produtor (calculado com base no desempenho) for inferior a um mínimo garantido, aplica-se a fórmula do pagamento mínimo. Em caso de catástrofes, como incêndios, inundações ou tempestades, que possam causar a perda do efetivo ou de parte dele, o cirurgião será compensado com base no pagamento por catástrofe. Os regimes de pagamento mínimo e de pagamento por calamidade variam em termos de conteúdo entre os diferentes integradores.

Uma evolução recente dos contratos de frangos de carne foi a introdução da cláusula de preço de mercado. Este mecanismo foi acrescentado ao regime de repartição para efeitos de avaliação do desempenho, a fim de associar os pagamentos dos produtores à diferença (apenas quando positiva) entre o preço de mercado dos frangos, a média variável de fabrico dos contratantes e os custos de transformação. Deste modo, os produtores partilham o tempo de lucro quando há lucros, mas não participam quando há perdas.

Contratos para a criação de perus

Nas duas últimas décadas, a produção de perus marinhos é organizada principalmente através de contratos de produção, com uma unidade de produção constituída por uma cápsula de criação de aves e duas cápsulas finais abrangidas por um contrato. Nos últimos anos, devido à propagação de doenças e por razões de segurança biológica, a organização das unidades de produção está a mudar gradualmente, permitindo a separação geográfica entre as unidades de melhoramento das aves e as unidades de transformação (para evitar mais do que uma geração de perus marinhos na mesma exploração em determinado momento). Esta forma de organização permite ao agricultor especializar-se na criação de aves ou na transformação de tartarugas marinhas, sendo estas fases do processo de produção objeto de contratos diferentes.

Os contratos de marisco são muito semelhantes aos contratos de frangos no que respeita à atribuição de responsabilidades pelo fornecimento de matérias-primas. Tanto os contratos relativos aos frangos como aos robalos são uma combinação do contrato de taxa fixa (sem comissão) e do contrato de bónus. No entanto, ao contrário dos contratos relativos aos frangos, em que a utilização relativa do bónus de desempenho é generalizada, a maioria dos contratos relativos aos produtos do mar utiliza um tipo de contrato baseado num desempenho normalizado como base para os bónus. No entanto, um problema importante que se coloca entre um determinado desempenho e um esquema padrão fixo reside no cálculo do valor de referência em relação ao desempenho individual de um aumento. Se no primeiro caso o ponto de referência é determinado pelo contexto entre os ascendentes, no segundo caso representa uma hipótese tecnológica pré-determinada.

AS RAZÕES DE BASE DA PRODUÇÃO CONTRATADA

As explicações para a integração vertical e a utilização aberta de contratos com agricultores independentes no sector incluem:

- Dividir o risco

- Tecnologia
- Alteração da procura dos consumidores
- Acesso ao capital.

Problemas de produção contratada

Embora a maioria dos criadores de aves esteja satisfeita com muitos aspectos dos contratos, mas não menos importante, estão insatisfeitos com pelo menos um aspeto dos seus acordos e as suas disputas centram-se principalmente no sistema de bónus baseado na produtividade, em comparação com outros produtores. Os investigadores neste domínio salientam que os criadores de aves de capoeira manifestaram frequentemente uma série de preocupações, tais como

Preocupações quanto à equidade da comparação do seu desempenho em relação a caraterísticas específicas com o de outros produtores

Preocupações quanto ao facto de os contratantes controlarem apenas a qualidade das matérias-primas, etc., o que não pode ser uma situação normal

Preocupações quanto à forma de recompensa, uma vez que os proprietários de aves de capoeira não são capazes de prever como serão os seus pagamentos

Preocupações com a qualidade dos frangos, a forma como as aves vivem, são alimentadas e pesadas, bem como a duração de um efetivo para outro

Preocupações com a não renovação de contratos, rescisão de contratos, requisitos que precisam de ser modificados ou alterados

Preocupações com a sua capacidade limitada de escolher o integrador, etc.

Uma pesquisa realizada por Tayson (1993) sobre o grau de satisfação ou desconfiança da maior empresa de frangos de corte dos EUA em relação aos seus produtores revelou que mais de 50% dos produtores não acreditavam nas pesagens das aves realizadas pela empresa, 44% não acreditavam nos pesos dos alimentos, 62% estavam insatisfeitos com a qualidade das aves fornecidas pela empresa e cerca de 40% não entendiam bem como eram feitos os pagamentos. No entanto, é de salientar que a literatura sobre o impacto económico das práticas e procedimentos contratuais e, consequentemente, a necessidade de intervenção regulatória do governo para as contracções na indústria avícola é mínima. O seu lucro esperado ao reduzir com segurança os lucros do integrador.

Em vez da conclusão

□ A indústria do frango é frequentemente considerada como um exemplo de industrialização da agricultura.

□ A produção é integrada verticalmente, assim como os canais de transformação e distribuição, enquanto o crescimento efetivo das aves é feito através de produtores contratados.

□ A maioria dos produtores contratados manifesta com agrado a sua insatisfação com as condições dos contratos, mas há uma minoria que não está satisfeita com um ou vários aspectos do contrato. Os produtores contratados têm manifestado preocupações quanto à equidade do sistema de pagamento. Quando os produtores estão a negociar a renovação de um contrato que já terminou, há sempre o risco de uma concorrência inadequada para os contratos de serviços, especialmente em países onde há poucos transformadores.

□ Para resolver estes problemas, são empreendidas e é necessário continuar a empreender determinadas políticas.

□ O sector dos frangos de carne dominou a cena competitiva no complexo da carne durante as últimas três décadas, abrindo dramaticamente o mercado com uma eficiência crescente, preços baixos para os concorrentes e melhorando as ofertas de produtos, bem como a sua variedade.

□ A integração vertical da indústria avícola e a confiança e o apoio aos contratos dos produtores facilitaram indubitavelmente a eficiência do sector e a disponibilidade para o consumidor, tornando-o um poderoso concorrente nos mercados globais de carne.

□

O PAPEL DA INTEGRAÇÃO VERTICAL NO DESENVOLVIMENTO DAS EMPRESAS DO SECTOR AVÍCOLA

Um dos pontos de referência fundamentais no domínio da integração vertical continua a ser, obviamente, Porter. Num artigo de 1991, ele resume os seus conceitos mais importantes neste domínio. Para Porter, a estratégia de uma empresa determina a forma das suas actividades e o modo como estas se relacionam. Neste contexto, a vantagem competitiva, segundo ele, resultará da capacidade da empresa de realizar actividades a um custo inferior ao dos rivais, ou de as realizar de forma a criar valor para o comprador e permitir à empresa aplicar um preço elevado.

A integração vertical (ao longo de uma cadeia de valores) é o conceito mais concetual da ideia de Porter. Os investigadores em gestão estratégica, impulsionados por esta ideia, adoptaram este conceito e centraram a sua investigação nas relações entre as circunstâncias ambientais e a estratégia da empresa, uma vez que as circunstâncias que rodeiam o ambiente da empresa e a sua análise têm um impacto na definição da estratégia da empresa.

Tendo em conta o que precede, pode facilmente concluir-se que a integração vertical é uma das estratégias de crescimento mais importantes das empresas agro-industriais. Esta estratégia de crescimento significa expandir as actividades da empresa em duas direcções possíveis relacionadas com a produção e a distribuição dos produtos da empresa. Algumas das razões que levam a empresa a seguir esta estratégia estão principalmente relacionadas com as tendências para:

Eliminação de matérias-primas e materiais

Controlar os custos e a qualidade das matérias-primas e dos materiais

Controlar a distribuição dos produtos produzidos até ao consumidor final

Beneficiou de economias de escala

Aumento do poder de mercado, etc.

Direcções de integração vertical

A integração vertical implica a propriedade pela empresa sucessora das suas actividades que conduzem à conclusão final de um determinado produto. Quanto maior for o número de ligações que o produto passa sob o controlo e a propriedade da empresa, maior é o grau de integração vertical.

A integração vertical pode ser realizada em duas direcções:

1. Integração retrospetiva.

A empresa adquire a propriedade e o controlo das actividades relacionadas com o fornecimento de matérias-primas.

2. Integração com a direção frontal.

A empresa adquire a propriedade e o controlo de todas ou algumas das cadeias de atividade até ao consumidor final dos seus produtos

A integração vertical também é classificada em:

- Integração total.

A integração total existe nos casos em que, entre as duas fases de produção, a totalidade da produção de uma fase é vendida na empresa e todas as necessidades das outras fases são igualmente fornecidas na empresa.

- Integração parcial.

A integração parcial ocorre quando as duas fases não se compensam completamente. A ideia subjacente à integridade vertical da empresa é apresentada no quadro seguinte.

Integração vertical das empresas agro-industriais

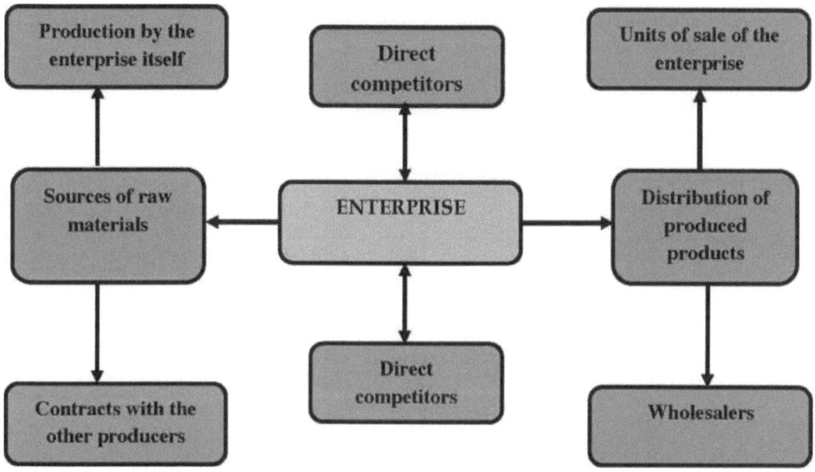

Porque é que a integração vertical é necessária e oferece uma oportunidade muito maior para um desenvolvimento mais rápido das empresas agro-industriais? Para responder à pergunta em questão, temos que avaliar:

Em primeiro lugar, se as empresas enfrentam ou não os seguintes problemas:

- Restrições à oferta de produção local
- Problemas com as actuais formas de organização da produção na agricultura
- Restrições à oferta agrícola para efeitos de política orçamental
- Restrições ao desenvolvimento de cadeias de produtos
- Falta de parcerias dos agricultores nos mercados
- Não aplicação dos contratos
- Ausência de uma política de apoio às vantagens comparativas
- Restrições às capacidades de produção, etc.

Quais são algumas das vantagens e desvantagens da integração vertical?

VANTAGENS	DESVANTAGENS
Benefícios internos	Custos internos
As economias integradas reduzem as despesas através da eliminação de algumas actividades, da redução da duplicação das despesas globais e da redução dos custos que dependem da tecnologia.	As despesas gerais aumentam devido às diferentes actividades da empresa

Reduz os custos de inventário e outros custos, devido a uma melhor coordenação das actividades	Custos adicionais devidos ao excesso de capacidade causado pela fusão de fábricas, etc.
Evita tarefas morosas, como a definição do preço de uma loja, a comunicação de pormenores do modelo ou a negociação de contratos, etc.	A má organização da integração vertical pode resultar em custos adicionais
Benefícios competitivos	Riscos de concorrência
Fornece os factores de produção necessários para a produção, etc.	Não desistir de processos antigos
Melhor marketing é fornecido	Criar barreiras (ou saídas)
A diferenciação dos produtos oferece benefícios adicionais (mais produtos de valor acrescentado)	Liga as empresas às empresas associadas (que podem estar "doentes")
Maior controlo do ambiente económico da empresa (poder de mercado)	Perda de acesso à informação por parte dos fornecedores ou distribuidores.
Estabelecer a credibilidade do produto	Sobreavaliação das fusões, criadas através da integração vertical
Melhor controlo de todas as actividades da empresa	Acelerar a integração (tomar decisões de integração antes de pensar na melhor forma de o fazer)

Fonte: Harrigan (1985)

Capítulo 4

A INTEGRAÇÃO VERTICAL E O SEU PAPEL NA REDUÇÃO DOS CUSTOS DE TRANSACÇÃO

A teoria neoclássica considera a firmeza como uma atividade superior e não o próprio mercado como uma função de produção que transforma inputs em outputs com base em conhecimentos técnicos e o mercado como uma instituição eficiente para a troca de bens e serviços. Para evitar os custos de transação, são necessárias duas condições básicas (no mundo real, estas condições ideais são difíceis de encontrar) relacionadas com o mercado e com a informação que os intervenientes no mercado possuem. Estas duas condições pressupõem que o mercado deve ter uma mobilização completa de todos os participantes e bens, e que todos os actores no mercado devem ter informação completa.

Assim, entende-se que a empresa não é apenas um local de produção, mas também um local de controlo das actividades económicas. Segundo Coase, os custos de utilização do mercado podem ser reduzidos através da coordenação das actividades no interior da empresa. Quando os custos de mercado são elevados, o mercado entra em falência no sentido de coordenar as actividades económicas e, consequentemente, as transacções têm de ser localizadas dentro da empresa. No entanto, é de salientar que uma empresa terá de incluir novas actividades no seu seio até ao ponto em que o custo de coordenação da nova atividade seja equivalente aos custos de coordenação do mercado. Oliver E. Williamson, os custos de transação económica consideram dois factores importantes e incluem factores que influenciam o espírito empresarial, factores que influenciam os custos de transação.

Williamson identificou duas condições comportamentais como uma das principais fontes de custos de transação, nomeadamente a racionalidade e a oportunidade.

Racionalidade

O facto de ser um gestor no sentido da racionalidade tem isto em consideração. Afirmação "A competência concetual do ser humano é limitada pela complexidade do ambiente e pela incerteza do desenvolvimento futuro". Segundo Williamson, os agentes económicos agem racionalmente, mas a informação relevante sobre eles é frequentemente limitada devido à sua capacidade limitada de a fornecer e de agir em seguida.

Oportunidade

Oportunidade significa o interesse pessoal que é conseguido com habilidade (astúcia). Oportunidade refere-se à descoberta de informações incompletas ou distorcidas e, em particular, refere-se a tentativas de enganar, distorcer, ocultar e obscurecer informações.

Williamson identificou três caraterísticas essenciais da transação ou, como lhe chama, "dimensões da transação".

Insegurança

A incerteza tem origem na complexidade do ambiente e na incerteza quanto ao futuro Devido à insegurança, os indivíduos não são capazes de desenvolver uma estratégia pormenorizada para ultrapassar os obstáculos que irão enfrentar no futuro A incerteza contradiz a oportunidade, o que cria incerteza quanto ao comportamento da outra parte contratante.

Frequência (repetição)

Descreve a frequência com que as transacções ocorrem. As transacções repetidas fornecem aos compradores e vendedores informações sobre os outros. Desta forma, reduz-se o incentivo para atuar casualmente e utilizar qualquer informação assimétrica.

Especificação dos activos (activos)

É uma dimensão importante da transação. Os activos são específicos se tiverem ou não muitas alternativas de utilização. Podem ter uma produtividade muito elevada na sua utilização específica, mas quando se altera a forma como são utilizados perdem o seu valor produtivo. Os tipos mais importantes de especificação de activos são:

- Especificação do cargo
- Activos físicos
- Activos humanos
- Activos dedicados
- Nome do ramo Especificidade
- Especificidade temporária.

Quadro n.º 2.1. Avaliação das especificidades dos activos na indústria avícola

Nr.	A especificidade dos activos nas empresas da indústria avícola	O seu papel nas transacções da indústria avícola
1	Especificidades da posição (localização do sítio)	++
2	Especificações físicas	++
3	A especificidade do capital humano	+

4	A especificidade do nome do ramo	+ +
5	Especificações provisórias.	+
6	Utilizar a marca e o rótulo.	+
7	Activos dedicados	++
	ESPECIFICAÇÕES TOTAIS	++

+: Fraco específico

++: Específico moderado

+++: Elevada especificidade

ANÁLISE E AVALIAÇÃO DOS CUSTOS DA INDÚSTRIA FLORYHEN

Produção de ovos:

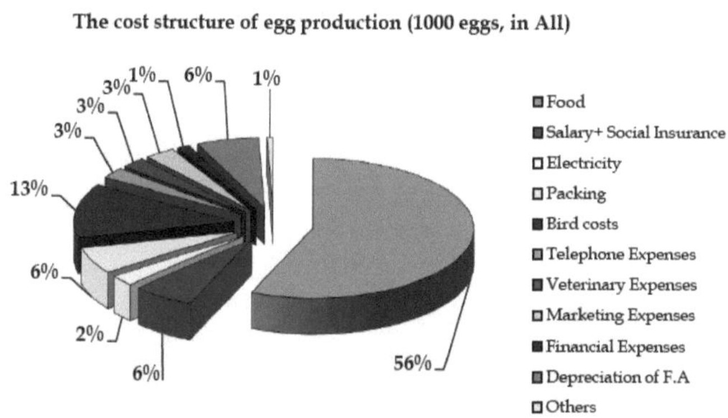

É evidente que, na estrutura de custos da produção de ovos, os custos de alimentação e os custos de compra de aves representam cerca de 68% de todos os custos. Exatamente, nestas duas rubricas de custos, vale a pena analisar a sua estrutura para concluir sobre os efeitos dos custos de transação nestas duas rubricas de despesas e, neste contexto, os problemas que a empresa tem de resolver para os reduzir e que são principalmente custos de utilização do mercado, tais como

- Custo da investigação e da informação
- custo para o mercado
- Negociação de custos, comunicação
- Custo da ligação e da execução dos contratos
- Custos de transporte e de tratamento dos envios
- Custos das despesas aduaneiras, etc.

Para analisar e avaliar a estrutura de custos acima referida, considerámos três opções alimentares alternativas possíveis, bem como os respectivos custos:

Alternativa 1

A alimentação é fornecida no mercado. O custo real atinge cerca de 50000 ALL / tonelada

Alternativa 2

Os alimentos são fornecidos através da importação de matérias-primas e, em seguida, a transformação dos alimentos é feita na empresa, que é a forma atual de fornecer alimentos para aves do FLORYHEN. Neste caso, o custo efetivo é de cerca de 45 000 ALL/tonelada.

Alternativa 3

Os alimentos são fornecidos através da compra de matérias-primas no mercado interno e, posteriormente, a transformação dos alimentos é efectuada na empresa. Com base em algumas estimativas preliminares, o custo real atinge 36000 ALL / tonelada.

Changes in cost for the effect of changes in food security alternatives

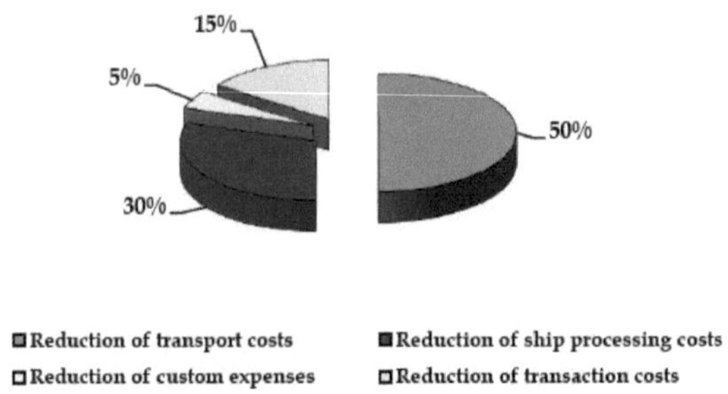

Conhecer e avaliar todos os custos associados ao fornecimento de alimentos através da utilização de alternativas de mercado ou outras alternativas ajudaria os gestores da empresa a avaliar e decidir se devem ou não ser integrados verticalmente em termos de seguros e de transformação de alimentos na empresa.

Produção de aves (Aves compradas):

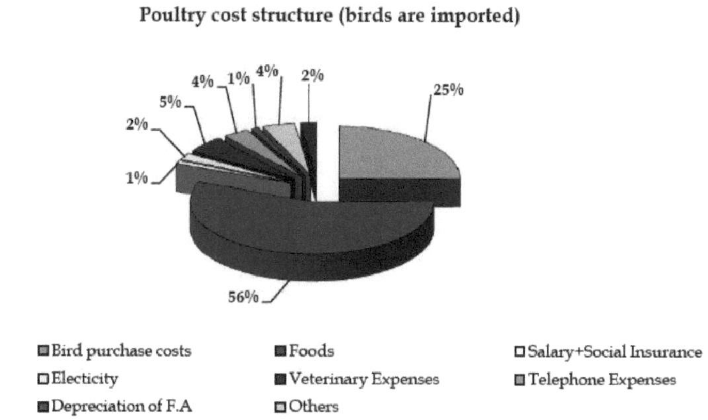

Produção de aves (as aves são produzidas por si próprias):

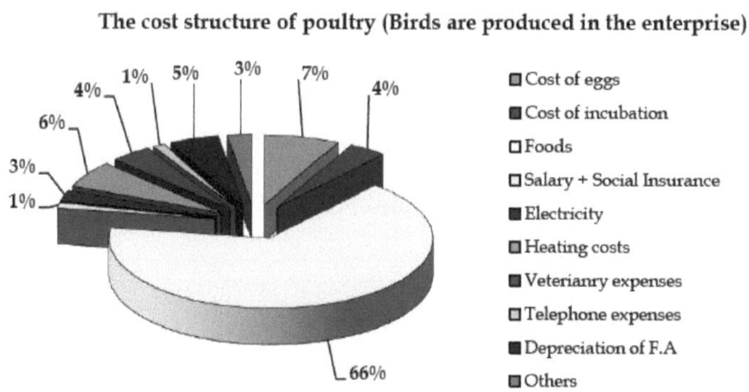

Assim, é do interesse do FLORYHEN investir na criação de capacidades de abertura de aves na empresa, sem considerar os benefícios da venda de aves a terceiros, e isto pelo papel de liderança que esta empresa tem no sector das aves.

Tabela no. 2.4. Custos de Investimento da Fábrica de Aves (Capacidade 5.000.000 cabeças por ano)

Nº.	Despesas	Custos (euros)
1	Projectos, prevenção	40000
2	Edifício	250000
3	Máquinas, equipamentos	300000
4	Montagem	40000
5	Infra-estruturas	100000

	O montante do investimento	730000

Tabela nº 2.5. Receitas da venda de aves (Capacidade 5.000.000 cabeças por ano)

Nr	Descrição	Unidade	Rendimento (todos)
1	O montante das vendas anuais	Krere	5000000
2	Preço médio de venda por cabeça	L/krere	90
3	Receitas de vendas	Leke	450000
4	Custo de uma ave	L/krere	60
5	Lucro	Leke	30
	Lucro anual total	Leke	150000

NEGÓCIO DE PASTERIZAÇÃO DE MÉDIA NA INDÚSTRIA DE OVOS

Investimentos, fontes de financiamento, rendibilidade e condições de auto-reembolso

Quadro 1. Investimentos

Nº.	Descrição	Quantidade (euros)
1	Terreno + Construção	150.000
2	Máquinas, equipamentos	1.200.000
3	Montagem	130.000
4	Infra-estruturas	50.000
	TOTAL	1.530.000

Quadro 2. Fontes de financiamento

Nº.	Descrição	Quantidade (euros)
1	Recursos próprios	530.000
2	Empréstimo bancário	1.000.000
	TOTAL	1.530.000

Análise das receitas e despesas

Quadro 3. Despesas e rendimentos

Nr	Descrição	Sasia (Euro)
	DESPESAS	
1	Compra de ovos 80 mil milhões de grãos	3.717.000
2	Salário + Segurança Social	18.200
3	Eletricidade	24.400
4	Transporte	45. 800
5	Despesas de marketing	15.100
6	Amortização de activos fixos	306.000
7	Juros do empréstimo	80.000
	Montante das despesas	4.206.500
	INCOMUNIDADES	
	Rendimento das vendas (80 mil milhões de grãos)	5.203.000
	Lucro bruto	996.500
	Imposto sobre os lucros 20%	199.300
	Lucro líquido	797.200

Conclusão

Quadro. 4 Rendimentos do investimento

Nr	Descrição	Sasia (Euro)
	No primeiro e no segundo ano	
1	Em resultado do aumento dos preços	570.000
2	Em resultado das economias de custos	150.000
3	Em resultado da transformação dos ovos, 50% do lucro	398.600

	líquido	
	TOTAL	1.118. 600
	Noutros anos:	
1	Em consequência do aumento dos preços no país	570.000
2	Em resultado das economias de custos	150.000
3	Como resultado da transformação dos ovos	797.200
	TOTAL	1.517. 200

OS AGRUPAMENTOS DE EMPRESAS NO SECTOR AVÍCOLA COMO ALTERNATIVA A UMA BOA GESTÃO DA CADEIA DE ABASTECIMENTO

OS CLUSTERS E A SUA DISTRIBUIÇÃO NO MUNDO

As empresas que operam no domínio da agroindústria (onde, naturalmente, não pode ser excluída a indústria avícola), nas suas actividades diárias, enfrentam frequentemente problemas semelhantes no que diz respeito a questões de competitividade dos produtos, procura de mercado, recursos de custos, qualidade e normas de acordo com as exigências do mercado, etc. Considerando e avaliando esta situação, podemos afirmar corretamente que, para as empresas que têm problemas comuns, há certamente espaço para cooperarem umas com as outras na resolução de problemas semelhantes. Esta forma de cooperação entre empresas concorrentes mas empenhadas em encontrar soluções comuns para benefício de todos é baptizada com o nome de "cluster". De uma forma mais simples, um cluster é definido como uma região geográfica que inclui um número suficiente de empresas que têm necessidades semelhantes ou estão ligadas à capacidade de gerar economias de escala externas e produzir inovação. Os clusters representam uma espécie de nova forma de organização que se situa entre os mercados, por um lado, e a hierarquia ou a integração vertical, por outro. Além disso, o cluster é uma forma alternativa de organizar uma cadeia de valor.

Mapa de clusters nos EUA

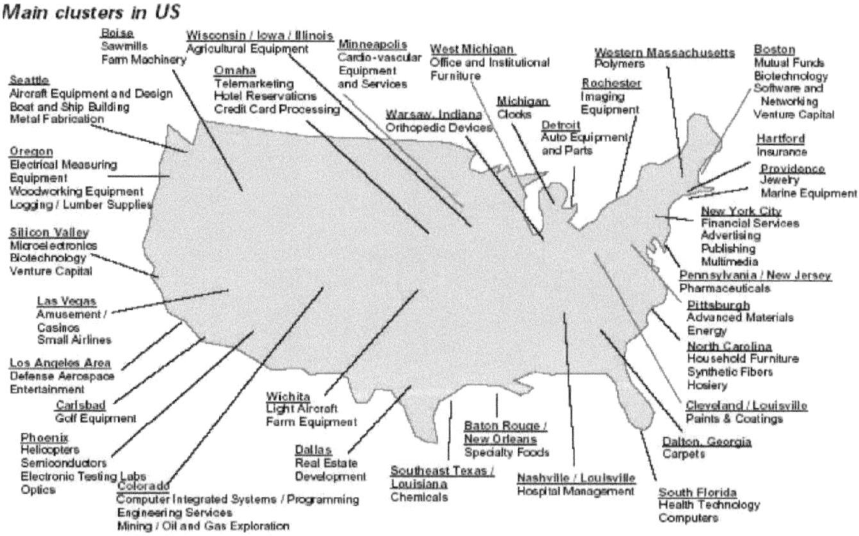

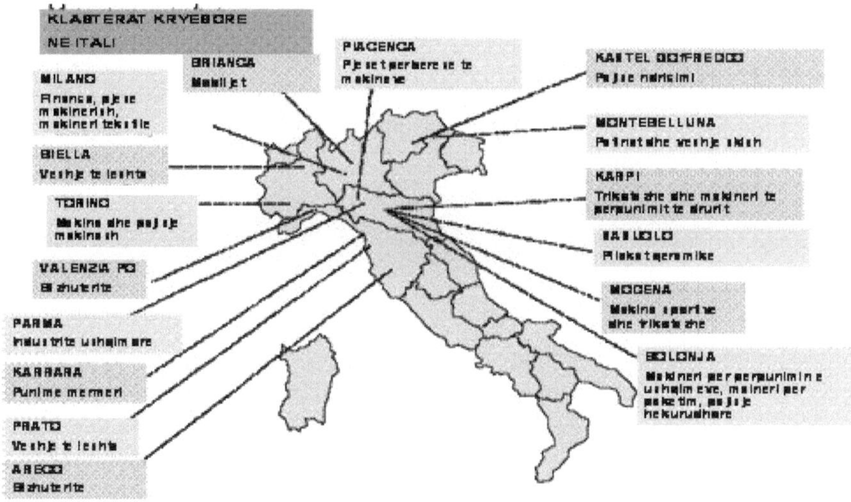

CLUSTER E RELAÇÃO ENTRE ACTORES EM KLASTER

Actores básicos de um cluster

Os elementos básicos que permitem a organização e o funcionamento de um cluster são:

Principais empresas: As empresas estão a produzir o produto

Empresas de apoio: são os fornecedores de maquinaria, matérias-primas, bancos, consultores de penhoras, designers, especialistas em marketing, etc.

Infra-estruturas de apoio fáceis: Escolas, universidades, laboratórios, associações empresariais locais, agências de desenvolvimento, legislação, etc.

Infra-estruturas pesadas de apoio: Existem estradas, portos, linhas de comunicação, gestão de resíduos públicos, etc.

Esquematicamente, a participação dos actores num cluster pode ser colocada da seguinte forma:

Esquema: Actores num cluster

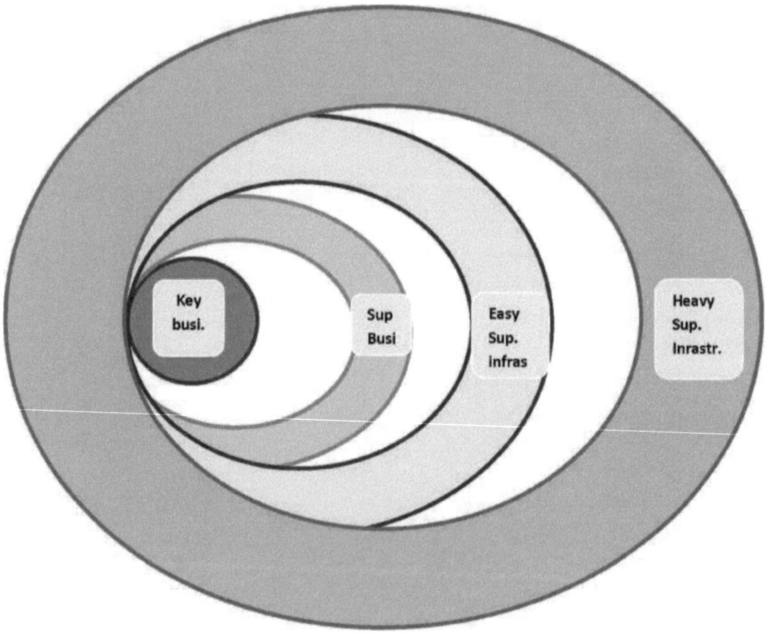

Um cluster tem normalmente uma extensão horizontal e vertical. O posicionamento horizontal e vertical do cluster torna-o mais complexo e distinto da cadeia de valor (que tem apenas uma extensão horizontal) ou das associações (que são apenas agrupamentos de empresas que produzem uma categoria de produtos). Os horizontes horizontais do cluster surgem a partir da esquerda, iniciando o apoio à realização de matérias-primas de primeira qualidade, produção de matérias-primas, transporte, transformação, etc. A extensão horizontal termina à direita do mapeamento com os clientes dos produtos. O alinhamento vertical começa em baixo, com as empresas de apoio que estão na base do esquema e que são representadas por instituições de investigação educacional, consultores e bancos, e continua a aderir a cada um dos produtos do alinhamento horizontal, terminando com a infraestrutura de apoio leve representada por universidades, laboratórios, associações, etc. O posicionamento horizontal e vertical do cluster torna-o mais complexo e distinto da cadeia de valor (que tem apenas uma extensão horizontal) ou das associações (que são apenas agrupamentos de empresas que produzem uma categoria de produtos).

LIGAÇÕES PRINCIPAIS NUMA TURMA

Num cluster, é necessária alguma forma de cooperação para ter êxito no mercado dos actores do cluster. Estas incluem a cooperação entre empresas, a cooperação de empresas com instituições de apoio, a cooperação público-privada e a cooperação entre diferentes clusters. O cluster não é mais do que um agrupamento de empresas, instituições e outras organizações que estão ligadas entre si para a produção de um determinado produto ou serviço e que, através dos laços que criaram entre si, contribuem não só para a produção de certo ou certos produtos, mas também para a organização e bom funcionamento da cadeia de abastecimento em benefício do valor acrescentado, como se pode ver no esquema seguinte: Esquema: Principais elos de ligação entre a Alimentação e o Cluster da Agricultura

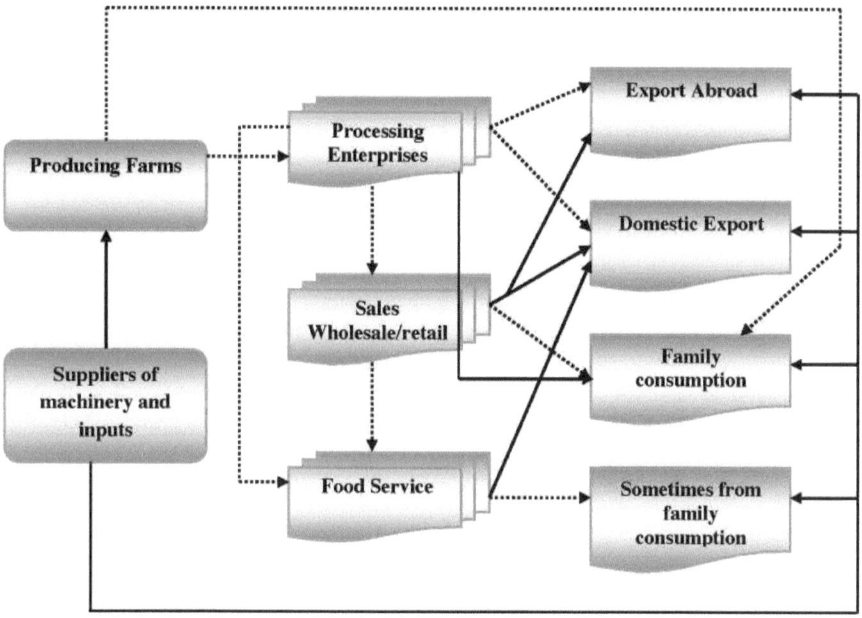

ORGANIZAÇÃO E FUNCIONAMENTO DOS AGRUPAMENTOS NA INDÚSTRIA AVÍCOLA

ANÁLISE DOS CLUSTERS E DA CADEIA DE VALOR

A figura seguinte é uma representação mais clara e sistemática da função da cadeia de valor. Como se pode ver, as actividades primárias da empresa estão agrupadas em cinco áreas principais: logística interna, operações, logística externa, marketing e vendas, bem como serviços, como mostra o esquema do fornecedor

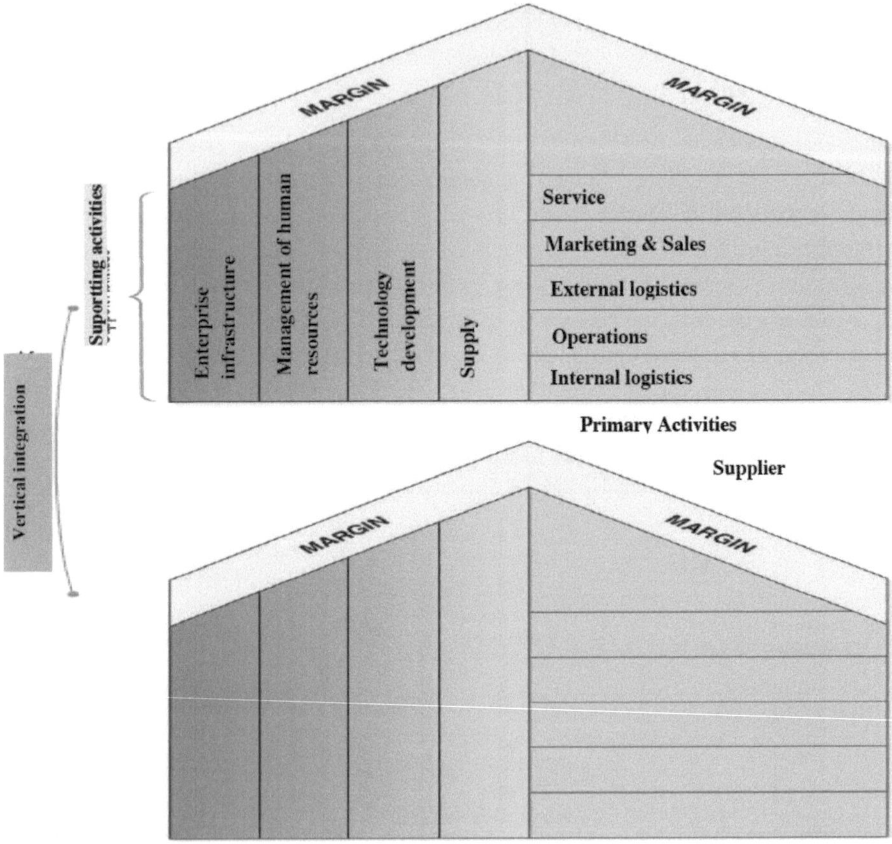

Relativamente ao esquema, podemos distinguir: A logística interna inclui actividades relacionadas com a receção, armazenamento e distribuição de produtos. Isto inclui o processamento de materiais, o controlo de inventário, o transporte, etc. As operações transformam estes inputs no produto final, por exemplo, produção, embalagem, montagem, controlo, etc.

A logística externa recolhe, armazena e distribui o produto aos clientes. No caso de produtos concretos, isto incluiria o armazenamento de materiais, a transformação, o transporte, etc. Já no caso dos serviços, tem mais a ver com a procura de soluções por parte dos clientes.

O marketing e as vendas fornecem os instrumentos através dos quais os consumidores conhecem o produto ou serviço e criam a oportunidade de o comprar. Isto pode incluir a gestão de vendas, a publicidade, etc.

O serviço abrange todas as actividades que aumentam ou preservam o valor do produto/serviço, tais como instalações, reparações, formação, reservas, etc.

Cada uma destas actividades primárias está relacionada com actividades auxiliares. Estas últimas dividem-se em quatro tipos.

Fornecimento. Refere-se ao processo de aquisição de factores de produção para as actividades primárias.

Desenvolvimento de tecnologias. Todas as actividades de valor têm uma "tecnologia". As principais tecnologias podem estar diretamente relacionadas com o produto, processos ou recursos específicos (por exemplo, melhoria das matérias-primas).

Gestão dos recursos humanos. Trata-se de um domínio muito importante relacionado com as actividades primárias. Envolve o recrutamento, a formação, o desenvolvimento e a recompensa dos empregados da organização.

Infra-estruturas. O planeamento, as finanças, os sistemas de controlo de qualidade, etc., são extremamente importantes para a capacidade estratégica da organização em todas as actividades primárias. A infraestrutura é também constituída pelas estruturas e rotinas da organização, que suportam a sua cultura.

ORGANIZAÇÃO E FUNCIONAMENTO DOS AGRUPAMENTOS NA INDÚSTRIA AVÍCOLA

Porque é que a ave se deve aglomerar e qual o impacto na economia do país?

Investments and their structure over the years

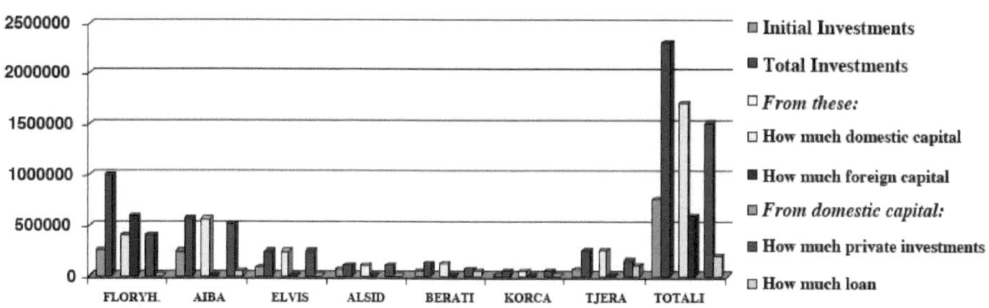

Utilização insuficiente da capacidade produtiva na criação de aves de capoeira

Production capacities and their utilization in the poultry industry

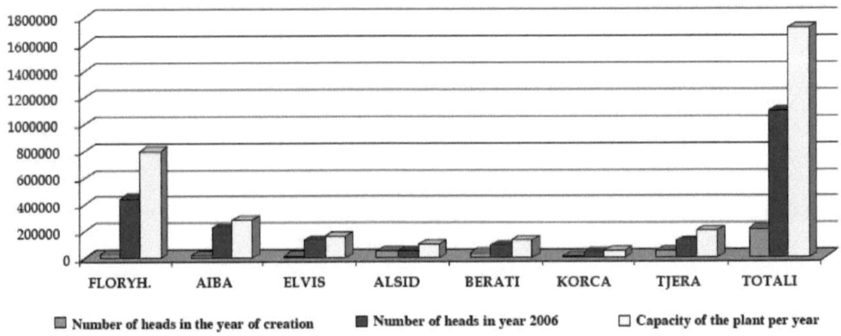

- Diproporcionalidades na atividade das indústrias de produção de ovos

Specific weight in egg production by enterprises

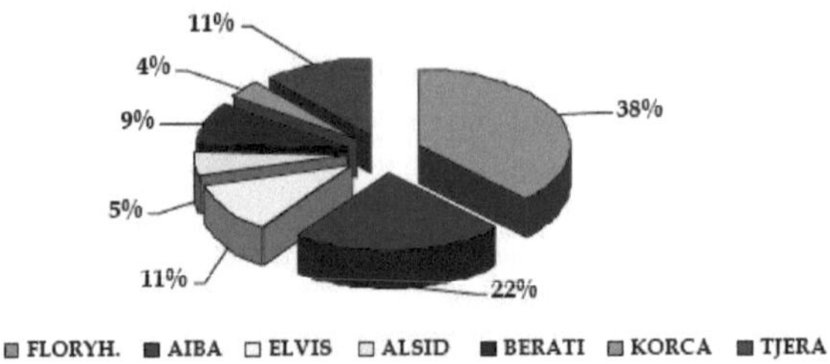

...na produção de carne

Specific weight in meat production by enterprises

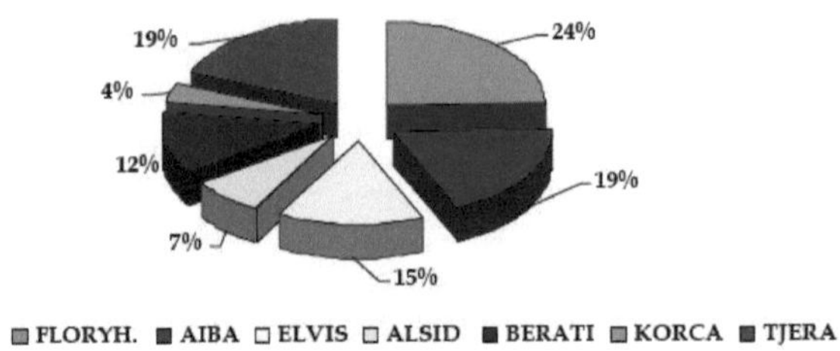

Specific weight in the production of food by enterprises

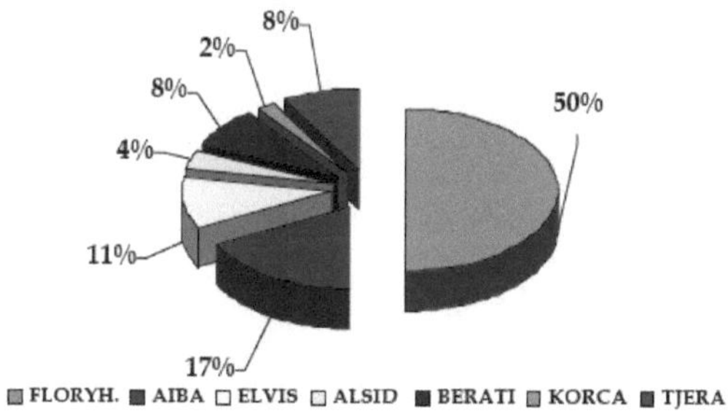

Destino dos ovos

Destination of egg production by enterprises

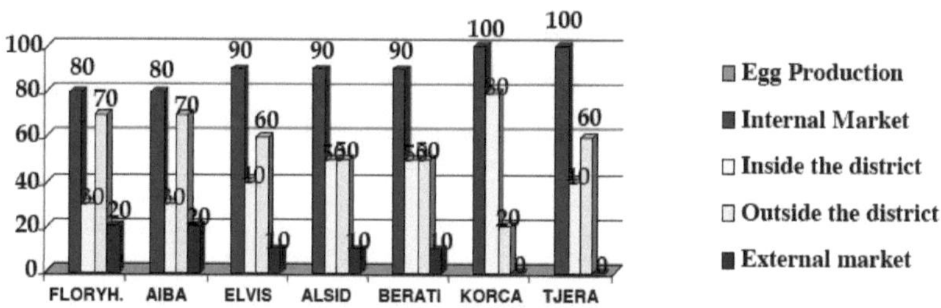

Destination of meat production by enterprises

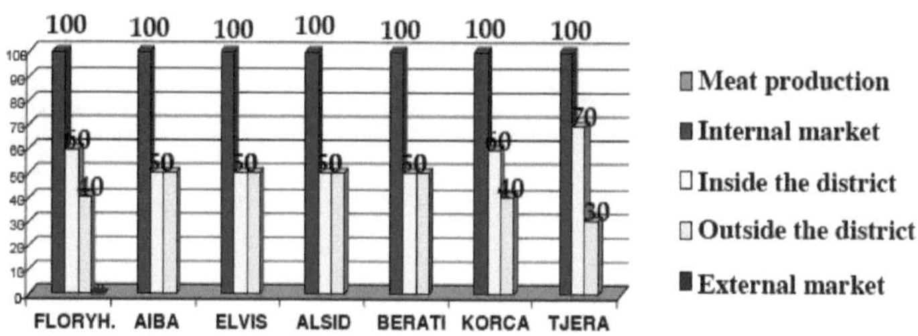

Distribuição de produtos aos consumidores

Distributing products to consumers

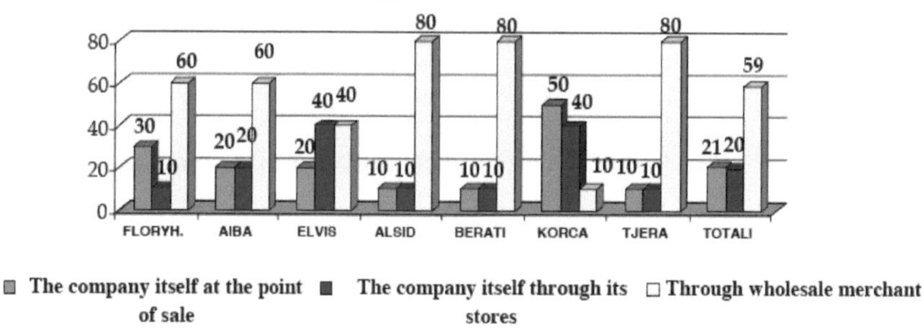

Como conclusão, podemos dizer que a atual organização da indústria avícola não o faz:

- Eficiente o suficiente para investir neste sector.
- Não utilizar as capacidades de produção.
- A presença da LIDER e não de empresas deste tipo. Há uma grande desproporção em relação à dimensão das empresas, em que poucas dominam e muitas outras tentam manter o equilíbrio.
- Apenas duas empresas (FLORYHEN e AIBA) empregam cerca de 60% do número de trabalhadores deste sector.
- Falta de penetração nos mercados regionais e não só.
- Má eficiência.
- Falta de integração.

Esquema: Um conceito sobre a organização e o funcionamento do agrupamento de aves de capoeira

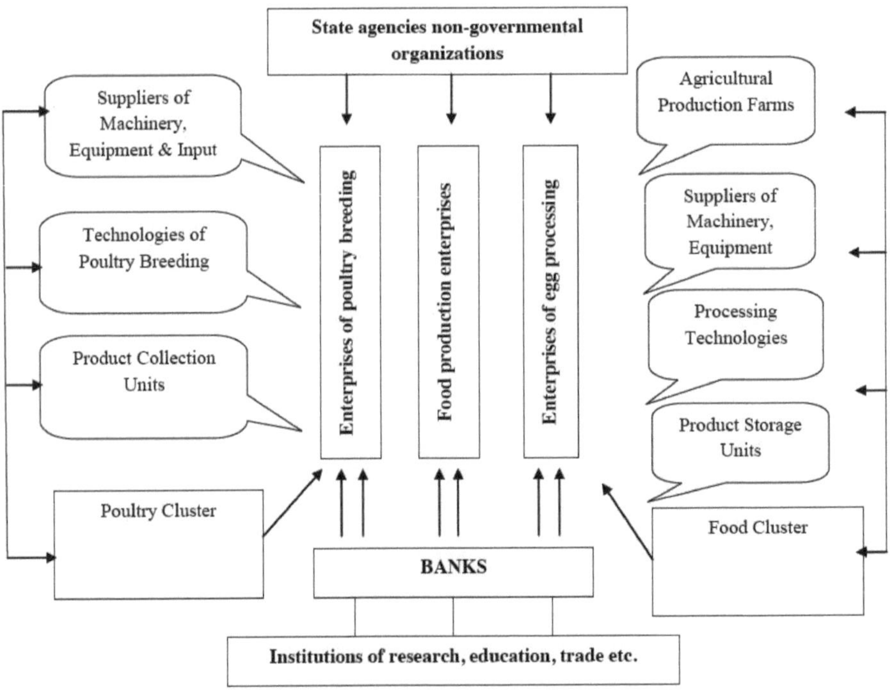

No agrupamento acima referido estão incluídos quatro grupos de empresas e instituições:

Nº.	Grupos de empresas	Grupos de empresas
	0 Empresas de criação de aves de	0 Fornecedores de máquinas,

	capoeira. 0 Empresas de produção alimentar. 0 Empresas de transformação de ovos.	equipamentos e factores de produção. 0 Tecnologias de criação de aves de capoeira. 0 Unidades de recolha de produtos.
	Grupos de empresas	Grupos de instituições
	0 Explorações de produção. 0 Unidades de armazenamento de produtos. 0 Tecnologias de transformação, etc. 0 Fornecedores de máquinas e equipamentos.	0 Instituições de investigação, ensino, comércio, etc. 0 Bancos. 0 Organismos estatais organizações não governamentais.

No que diz respeito à ligação e interação entre os actores participantes (indústrias) neste cluster, podemos dizer que este tipo de cooperação é justificado pela necessidade de proporcionar os benefícios certos. No entanto, podemos apreciar plenamente:

A participação neste cluster permite aos actores do primeiro grupo benefícios relacionados principalmente com a melhoria das técnicas de criação de aves, o aumento da produtividade e da produtividade, a orientação do desenvolvimento destas empresas com ciclos fechados, etc.

Além disso, a participação neste cluster permite que os actores do segundo e terceiro grupos beneficiem principalmente da especialização das suas actividades, da melhoria da qualidade das matérias-primas, da maquinaria e do equipamento, da facilitação dos investimentos, do incentivo às inovações, da regionalização da produção e da melhoria das tecnologias de cultivo, da oferta de mercados viáveis, etc.

A participação neste agrupamento dos actores do quarto grupo não é isenta de benefícios. Os bancos, enquanto ator muito importante deste grupo, poderiam trabalhar com custos mais baixos, uma vez que o risco de concessão de empréstimos, bem como uma melhor gestão, diminuem.

Os actores que participam neste cluster podem proporcionar benefícios diretos e indirectos através de

Aumentar o papel e o seu impacto na conceção de políticas e estratégias que afectam os interesses individuais dos actores participantes,

Influenciar a capacidade de influenciar mais o governo em termos de acelerar a organização de clusters como uma alternativa ao desenvolvimento e uma fonte de vantagens para todos aqueles que aceitam abraçar esta alternativa.

A participação no agrupamento permite:

Melhorar a qualidade do produto e garantir a saúde do consumidor, bem como o benefício primário

Aumento das normas e melhoria do ambiente empresarial porque a boa organização e a boa governação afectam indiretamente a obtenção de um melhor ambiente de gestão.

Como conclusão, podemos dizer que o núcleo da ligação entre os actores de um cluster e os benefícios que advêm do envolvimento no mesmo é que estes actores participantes têm claro o que procuram e os instrumentos para atingir estes objectivos estratégicos. Assim, eles querem e procuram as consequências da sua ação, neste caso, a participação no cluster.

IDENTIFICAÇÃO E AVALIAÇÃO DOS BENEFÍCIOS DECORRENTES DA PARTICIPAÇÃO NOS CLAUSTROS AVÍCOLAS

Tabela: Ligações e benefícios da participação de grupos de partes interessadas no cluster das aves

Nº.	Agrupa os actores e as relações entre eles no cluster avícola.	Benefícios potenciais da participação nos respectivos grupos de clusters.
1	Produtores de cereais	Explorações de produção
	0 Produtor agrícola 0 Unidades de recolha de cereais 0 Agências estatais 0 Organizações não governamentais 0 Instituições de investigação, ensino, comércio, etc.	0 Regionalização da produção 0 Maior produtividade 0 Redução dos custos de produção 0 Mercados seguros 0 Preços acessíveis 0 Inovação 0 Melhoria da tecnologia 0 Acesso à informação 0 Acesso à comercialização de produtos 0 Acesso ao crédito. 0 Redução de custos 0 Melhoria da gestão 0 Aumento da qualificação da mão de obra.

		0 Normas de importação. 0 Melhoria da qualidade. 0 Maior influência sobre o governo.
2	Fornecedores de máquinas, equipamentos e tecnologias.	Fornecedores de máquinas, equipamentos e tecnologias.
	0 Fornecedores de máquinas, equipamento, embalagem, etc. 0 Tecnologias de reprodução. 0 Tecnologias de processamento. 0 Instituições de investigação, ensino, comércio, etc.	0 Maior produtividade 0 Inovação 0 Mercados convenientes 0 Prestações elevadas 0 Acesso à informação 0 Acesso à comercialização de produtos 0 Acesso ao crédito. 0 Redução dos custos de produção 0 Melhoria da tecnologia. 0 Melhoria da gestão. 0 Aumento da qualificação da mão de obra. 0 Normas de importação. 0 Melhoria da qualidade. 0 Melhorar o ambiente empresarial. 0 Maior influência sobre o governo.
3	Bancos	Bancos
	0 Bancos 0 As suas filiais 0 Outras agências de crédito	0 Diversificação da carteira de empréstimos. 0 Aumento da parceria nos mercados financeiros. 0 Diversificação dos produtos. 0 Maior credibilidade 0 Prestações mais elevadas.
4	Empresas de criação de aves de	Empresas de criação de aves de capoeira

	capoeira	
	0 Empresas de criação de aves de capoeira para produção de ovos. 0 Empresas de criação de aves de capoeira para carne.	0 Melhoria da tecnologia. 0 Maior produtividade 0 Inovação 0 Mercados convenientes 0 Prestações mais elevadas. 0 Acesso à informação 0 Acesso à comercialização de produtos 0 Acesso ao crédito. 0 Redução dos custos de produção 0 Melhoria da gestão 0 Aumento da qualificação da mão de obra. 0 Normas de importação. 0 Melhoria da qualidade. 0 Melhorar o ambiente empresarial. 0 Maior influência sobre o governo.
5	Empresas de produção de aves de capoeira alimentares	Empresas de produção de aves de capoeira para alimentação
	0 Empresas de produção de aves de capoeira para alimentação	0 Maior produtividade 0 Inovação 0 Mercados convenientes 0 Prestações mais elevadas. 0 Acesso à informação 0 Acesso à comercialização de produtos 0 Acesso ao crédito. 0 Redução dos custos de produção 0 Melhoria da tecnologia. 0 Melhoria da gestão 0 Aumento da qualificação da mão de

		obra. 0 Normas de importação. 0 Melhoria da qualidade. 0 Melhorar o ambiente empresarial. 0 Maior influência sobre o governo.
6	Empresas de transformação de ovos	Empresas de transformação de ovos
	Empresas de transformação de ovos	0 Maior produtividade 0 Inovação 0 Mercados convenientes 0 Prestações mais elevadas. 0 Acesso à informação 0 Acesso à comercialização de produtos 0 Acesso ao crédito. 0 Redução dos custos de produção 0 Melhoria da tecnologia. 0 Melhoria da gestão 0 Aumento da qualificação da mão de obra. 0 Normas de importação. 0 Melhoria da qualidade. 0 Melhorar o ambiente empresarial. 0 Maior influência sobre o governo.

Desafios e oportunidades do sector avícola

Clusters e concentração geográfica

Clusters e capital social

Fornecedores e serviços

Tecnologia e inovação

Empreendedorismo e capital

Justiça (Igualdade) e Oportunidade (Oportunidades)

Alavancagem

Reforço das ligações com a alimentação e o turismo

Reforçar a transferência de pesquisa e reorientar a atenção dos centros agrícolas para os transformadores

TIPO DE CLUSTERS E TIPOS DE BENEFÍCIOS DA PARTICIPAÇÃO EM CLUSTERS E BENEFÍCIOS ECONÓMICOS

As empresas envolvidas no cluster das aves, em particular a atividade principal, poderiam atingir níveis satisfatórios de economias de escala e de aumento de poder.

O cluster da avicultura pode orientar o desenvolvimento de empresas-chave na via das economias de ciclo fechado, permitindo a inovação e a eficiência.

O cluster da avicultura pode orientar o desenvolvimento de empresas-chave no caminho da especialização na produção de determinados produtos para os quais os recursos produtivos estão mais presentes.

Não devemos esquecer que são precisamente estas fontes que estão na origem do nascimento dos clusters e que, além disso, a inovação e a criatividade são as causas da sua sobrevivência. Recorrer aos "ímanes" comerciais de uma região para investimentos, consumidores, competências humanas, etc., é também uma razão para trabalhar no cluster.

Vantagens do cluster e da gestão

O cluster avícola é uma cadeia de valor em expansão na economia global, o que significa que não compete o produto de uma empresa com o de outra empresa, mas toda uma cadeia de valor com uma cadeia de valor diferente. Neste sentido, o cluster assume a gestão de toda a logística da cadeia;

O cluster de aves de capoeira pode proporcionar a circulação de informação. Uma empresa individual tende a manter informações confidenciais, enquanto a lógica do cluster é precisamente informar os participantes sobre cada componente das vendas do produto, a fim de aumentar a produtividade e aumentar os lucros.

Neste contexto, o cluster das aves poderia também criar um clima de confiança e de ligação entre as empresas que operam no sector, o que aumenta a especialização e, além disso, cria e reforça o clima de confiança entre os actores.

Cluster e benefícios políticos

Um agrupamento de aves de capoeira poderia mais facilmente exercer pressão sobre o governo do que uma única empresa.

Isto significa que a cooperação entre o governo e as empresas é mais facilmente implementada quando as empresas estão agrupadas do que quando se trata de uma única empresa.

No que se refere ao cluster das aves, a estratégia que pensamos dever ser apresentada ao governo deve centrar-se em questões como

O aglomerado de aves poderia mais facilmente exercer pressão sobre o governo do que uma única empresa.

Isto significa que a cooperação entre o governo e as empresas é mais facilmente implementada quando as empresas estão agrupadas do que quando se trata de uma única empresa.

No que se refere ao cluster das aves, a estratégia que pensamos dever ser apresentada ao governo deve centrar-se em questões como

Não pagamento do IVA no momento da importação da matéria-prima, mas no momento da realização do produto.

Redução da taxa do IVA sobre bens e produtos alimentares.

Dedução do IVA para as linhas tecnológicas de produção importadas.

A introdução de regimes de subsídios para os produtores agrícolas e pecuários.

Esta estratégia de agrupamento apresentada ao governo seria mais facilmente aceite pelo governo do que as estratégias de algumas empresas que competem entre si.

Esta estratégia de agrupamento apresentada ao governo seria mais facilmente aceite pelo governo do que as estratégias de algumas empresas que competem entre si.

Capítulo 5

CONCLUSÕES E RECOMENDAÇÕES

Há uma série de factores que condicionam o sucesso deste cluster, mas três deles são cruciais:

Laços de base que ligam os principais fabricantes de produtos aos fornecedores locais de matérias-primas, maquinaria e serviços de produção.

Principais ligações entre produtores e compradores, especialmente agentes de exportação

Intervenção estratégica das instituições locais de apoio na melhoria das actividades do cluster e na sua transição para produtos de elevado valor acrescentado.

As etapas necessárias para organizar um cluster

1. Organizar uma reunião informal com representantes de empresas-chave (empresas representativas da indústria de criação de aves, empresas de produção alimentar, empresas da indústria dos ovos), onde se discutem os problemas que enfrentam e se explicam as vantagens de associar as suas empresas a um cluster.

2. Organizar uma discussão formal aberta com a representação acima referida, salientar a necessidade de organizar o grupo de aves, onde também tem um convidado para apresentar as vantagens de participar no grupo de aves. Votar sobre a forma de avançar ou não.

3. Se o resultado for positivo, criar um plano de ação (contacto) com todos os actores participantes no agrupamento.

4. Organizar uma reunião formal com outras partes interessadas que pensa que podem cooperar no âmbito do cluster como fornecedores (produtores de cereais, fornecedores de máquinas e equipamentos, tecnologia), bancos, universidades, laboratórios, câmaras de comércio, energia Local, etc.) e discutir com eles a ideia de organizar o cluster de aves e identificar problemas. Votar se se deve continuar.

5. Fazer um inquérito para analisar os problemas da atividade de todos os intervenientes na área onde pensa que o agrupamento pode ser organizado. Concentre-se em problemas como a produção, o mercado, a oferta, os custos, o apoio financeiro, etc.

6. Depois de identificar os problemas que enfrentam no seu trabalho quotidiano, partilhe com os actores participantes um diálogo aberto sobre a forma de resolver esses problemas.

7. Prosseguir o estudo para determinar as actividades potenciais dos intervenientes

participantes, a fim de as utilizar como base para a elaboração de planos empresariais.

8. Prosseguir o estudo para determinar as actividades potenciais dos intervenientes participantes, a fim de as utilizar como base para a elaboração de planos empresariais.

9. Após esta ação, concluir se a participação e o apoio dos actores do cluster das aves é necessária e viável.

10. Realizar uma reunião com as partes interessadas para discutir os resultados dos estudos, na qual devem ser emitidas opiniões sobre a concretização ou não da vossa ideia. Votar sobre se se deve ir mais longe

11. Se os problemas identificados puderem ser resolvidos pelos próprios actores dentro do cluster, então criam uma estratégia com uma visão clara de onde querem chegar à indústria relevante. Se os problemas também estiverem relacionados com o governo, então, na reunião seguinte, convocam o representante da respectiva instituição para a incluir no cluster, pedindo-lhe que desempenhe as funções relevantes.

12. Se a segunda votação for positiva, o agrupamento pode começar a expandir-se, chamando cada vez mais actores relacionados com a indústria em causa, a fim de coordenar as actividades de cada um para alcançar a visão do agrupamento.

13. Elaborar uma agenda de trabalho e fixar datas para as reuniões com os seus participantes. Não devemos esquecer que um agrupamento também pode ser apoiado por doadores.

C escolher um líder e um moderador.

15. Se achar necessário, poderá começar a publicar um jornal que identifique projectos de clusters semelhantes e também os sucessos que este cluster alcançou.

16. À medida que o grupo cria confiança mútua entre os participantes, criam cada vez mais projectos e começam a estabelecer algumas normas formais (por exemplo, a frequência com que se reúnem, a forma de empreender novos projectos, etc.).

Os elementos básicos do sucesso

Para que a organização de um cluster seja bem sucedida, é necessário

- Os iniciadores das organizações de clusters são eles próprios actores-chave na indústria, mas não só, que conhecem bem as suas necessidades económicas e estão convencidos de que, através de um cluster, podem satisfazê-las melhor.

• Reconhecer, por parte das empresas, a necessidade de organizar um cluster

• As consultas às organizações que estão bem familiarizadas com a formação de clusters são consideradas demasiado importantes.

• Assegurar a cooperação entre os actores do cluster

- Assegurar o apoio do cluster por todos os actores participantes.
- Assegurar uma liderança qualificada.
- Preparar os actores para enfrentar a concorrência futura.
- Comunicar com os actores e o público, principalmente no plano horizontal.
- Prestar consultoria profissional.
- Assegurar uma gestão cuidadosa das reuniões, etc.

LITERATURA

1. Heinrich Hockman, Jurgen Wandel, Wladimir Shaikin, "Integrated Structures in the Agro-Food Setor, 2002

2. Johnston, P. R. Lawrence, "Beyond Vertical Integration-The rise of Value-Adding Partnership". Harvard Business Review, agosto de 1998

3. Dyer, "Effective Interfirm Collaboration: How Firms Minimize Transaction Costs and Maximize Transaction Value". Strategic Management Journal 18, 1997

4. Dyer, Specialized Supplier Networks as a Source of Competitive Advantage". Revista de Gestão Estratégica 17, 1996

5. V. Kume, "Strategic Management", 2002

6. B. Musabelliu, "Direção do Agronegócio", 2006

7. Enkelejda Sinaj, "Problemas de crescimento da agroindústria na perspetiva dos custos de transação e dos custos de gestão estratégica", tese de doutoramento, 2004

8. ACIT, Direção-Geral das Alfândegas, 2003. Dados sobre as exportações e importações de produtos alimentares

9. Estatísticas agrícolas e alimentares em anos

10. Berlim, M. 2001. "Nós controlamos a vertical": Three theories of the firm. Federal Reserve Bank of Philadelphia Business Review (Terceiro Trimestre): 13 - 22.

11. Dobashi, I., J. Fallon, F. C. Eizmendi, M. Loureiro, K. Matchett, R. Parrish e B. Raquet. 1999. The Value Chain for Poultry. Pacific Basin Economic Council Working Committee on Food Products, março.

12. Moss, C. B. e A. Schmitz. 2000. Vertical integration and trade policy: the case of sugar (Integração vertical e política comercial: o caso do açúcar). Reunião anual da Associação Americana de Economia Agrícola. Tampa, 31 de julho - 2 de agosto.

13. Reardon, T. e C. B. Barrett, 2000. Agroindustrialization, globalization, and international development. An overview of issues, patterns and determinants. Agricultural Economics, 23: 195-205.

14. Rhodes, V. J.1993. Industrialização da agricultura: discussão. American Journal of Agricultural Economics, 75 (5): 1137-40.

15. Suwartini, E., H.G. Coffin e K. Gunjal.1997. Economic Impact of Policy-indduced Structural Change in Indonesian Poultry Industry. Agricultural Economics, 16: 237-43.

16. Williamson, O. 1985. The Economic Institutions of Capitalism. Nova Iorque, Free

Press.

17. Banco Mundial. 2001. Livestock Development, the Environment, Poverty and Global Food Security: A Strategy Paper for the World Bank. Washington DC,

18. AP & EA lança um inquérito aos produtores de aves de capoeira do Alabama, Alabama Poultry and Egg Association, Alabama Poultry News Magazine, outono de 1999.

19. Ilvento, Tom e Angela Watson. An Executive Summary of the Delmara Poultry Growers Survey Results, Universidade de Delaware, dezembro de 1998.

20. Kennedy, Verne R. Alabama Poultry Growers Survey Press Release, junho de 1996, Marketing Research Institute, Pensecola, Florida.

21. Knoeber, C.R. e W.N. Thurman (1995). "Do not Count Your Chickens...: Risk and Risk Shifting In The Broiler Industry Industry" American Journal of Agricultural Economics, Vol. 77, 486-496.

22. Lasley, F.A. (1983). "The U.S. Poultry Industry: Changing Economics and Structure". AER-502. USDA, ERS.

23. Lasley, F.A. Et al. (1988). "The U.S. Broiler Industry". EAR-591. USDA, ERS.

24. Martin, L. et al. (1993). "Alternative Business Linkages: The Case of the Poultry Industry", "Working Paper by George Morris Center, Food Industry" Research Group for Policy Branch, Agriculture Canada.

25. Martinez, S.W. (1999). "Vertical Coordination in Pork and Broiler Industries: Implications for Pork and Chicken Products". ERS, USDA, Agricultural Economic Report No. 777.

MIX
Papier aus verantwortungsvollen Quellen
Paper from responsible sources
FSC® C105338

Printed by Books on Demand GmbH, Norderstedt / Germany